Índice

Palabras

1 Relaciona cada titular con su sección del periódico correspondiente.

1. ☐ Tiempo | 2. ☐ Política | 3. ☐ Economía | 4. ☐ Deportes | 5. ☐ Sociedad | 6. ☐ Cultura y espectáculos
7. ☐ Ciencia y salud | 8. ☐ Anuncios | 9. ☐ Opinión

a Piqué y Shakira han sido padres por segunda vez.

b Internet, ¿une o aísla a los jóvenes?

c Los empresarios advierten de que se ha producido un fuerte descenso en el consumo.

d Se necesita joven para trabajos de almacén.

e Las encuestas dan por vencedor de las próximas elecciones al Partido Liberal.

f Fuertes lluvias y tormentas durante el fin de semana.

g Confirmado: los alimentos ecológicos son más sanos que los convencionales.

h Leo Messi gana su quinto Balón de Oro.

i Se estrenó con éxito de crítica y público la última película de Guillermo del Toro.

1a Relaciona las siguientes imágenes con cuatro de los titulares anteriores.

2 Fíjate en las imágenes, elige una y escribe una noticia sobre ella que responda a las preguntas básicas que debe tener toda buena noticia: *¿qué?, ¿quién?, ¿dónde?, ¿cuándo?, ¿cómo?* y *¿por qué?*

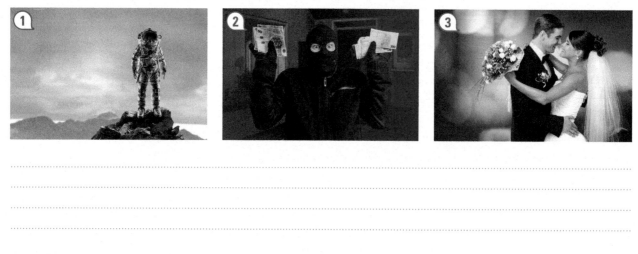

FRECUENCIAS

Español comunicativo para el siglo XXI

Libro de ejercicios

Equipo **Frecuencias**

Nivel

A2

PARTE 2 A2.2

Edi
numen

Créditos fotográficos:

Pág. 45, Palacio Kursaal: nito, Shutterstock.com; **Maestro Yoda:** Yuri Turkov, Shutterstock.com; **Costa-Gavras:** Denis Makarenko, Shutterstock.com; **Pag. 47: Tarjeta de crédito:** No-Mad, Shutterstock.com; **Pág. 63, Museo Guggenheim (Bilbao):** Santi Rodríguez, Shutterstock.com; **La Habana:** akturer, Shutterstock.com.

© Editorial Edinumen, 2020
© Equipo Frecuencias nivel A2: Emilio Marín,
Carlos Oliva y Francisco Fidel Rivas

ISBN - Libro de ejercicios: 978-84-9179-545-2
Depósito Legal: M-16549-2020

Impreso en España
Printed in Spain
0321

Coordinación pedagógica:
M.ª José Gelabert

Coordinación editorial:
Amelia Guerrero, Mar Menéndez y Carlos Oliva

Diseño de maqueta:
Juanjo López y Sara Serrano

Diseño de portada y maquetación:
Carlos Casado, Juanjo López y Sara Serrano

Estudio de grabación:
Producciones Activawords

Impresión:
Gráficas Muriel

Editorial Edinumen
José Celestino Mutis, 4. 28028 Madrid. España
Teléfono: (34) 91 308 51 42
Correo electrónico: edinumen@edinumen.es
www.edinumen.es

EXTENSIÓN DIGITAL en ELEteca

Un espacio en constante actualización

- Las **audiciones** de este libro se encuentran disponibles y descargables en nuestra plataforma educativa.

- Para acceder a este espacio, entra en la **ELEteca** (**https://eleteca.edinumen.es**), activa el código que tienes a continuación y sigue las instrucciones.

CÓDIGO DE ACCESO*

1n4UDSY6pv

Para más información, consultar los términos de uso de la ELEteca.

* Este código de activación permite el acceso a los materiales digitales que acompañan este producto durante dieciocho meses.

3 Elige la opción correcta.

1. **Hay/Hace** sol.
2. **Es/Está** lloviendo.
3. **Hay/Hace** niebla.
4. La temperatura **es/está** alta.
5. **Hace/Está** buen tiempo.
6. El calor en Madrid **es/está** seco.
7. **Hace/Hay** lluvia.
8. **Hace/Es** frío.
9. **Está/Hace** fresco.
10. **Está/Es** soleado.

4 Relaciona.

1. Hoy
2. El clima de mi ciudad
3. Odio
4. Las temperaturas
5. En esta casa

a. el clima atlántico.
b. son muy bajas.
c. es seco.
d. hace mucho calor.
e. está nublado.

5 Lee y clasifica los siguientes fragmentos en su estación correspondiente.

Primavera	Verano	Otoño	Invierno

1. En el hemisferio norte la estación empieza en septiembre; en el sur, en marzo y, en las zonas tropicales, no existe.

2. Puede llover y son normales las tormentas, pero generalmente hace muy buen tiempo.

3. La conocemos como la estación de las flores porque, después de los meses de frío, los árboles vuelven a estar verdes y aparecen flores en los parques y en el campo.

4. Es la estación de las vacaciones, cuando no hay clases en los colegios y vemos las playas llenas. Es también la única estación que hay en las regiones tropicales.

5. En esta estación normalmente las temperaturas son suaves, aunque algunos días ya son fríos. También suele llover bastante.

6. Durante los tres meses de esta estación, hace mucho calor; de hecho, es la estación más cálida.

7. Cuanto más cerca de los polos, más dura y fría es esta estación, que es más suave en las regiones próximas al ecuador.

8. Es la época del frío, cuando en muchos lugares nieva y las montañas están blancas.

9. Muchos árboles, poco a poco, pierden las hojas o estas cambian de color; ya no son verdes, sino amarillas o rojas.

10. En el hemisferio sur empieza en septiembre y en el norte, en marzo.

11. Las temperaturas más altas no suelen pasar de los doce grados y las más bajas llegan a alcanzar varios grados bajo cero, especialmente durante la noche.

12. Es una estación de temperaturas suaves, pero algunos días son ya muy calurosos.

6 [11] Escribe el significado de cada símbolo meteorológico. Después escucha la información y relaciónalos con el lugar correspondiente del mapa.

1. ....
2. ....
3. ....
4. ....
5. ....
6. ....
7. ....
8. ....

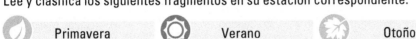

ARGENTINA · BRASIL · Artigas · Rivera · Salto · Tacuarembó · Paysandú · Melo · Lago Merín · Fray Bentos · URUGUAY · Treinta y Tres · Mercedes · Durazno · Florida · San José · Minas · Rocha · OCÉANO ATLÁNTICO · Colonia del Sacramento · Canelones · MONTEVIDEO · Maldonado

7 Escribe en tu cuaderno un texto de unas cincuenta palabras sobre el tiempo que hace en este momento donde vives.

Gramática

8 Completa las frases escribiendo los verbos entre paréntesis en pretérito imperfecto.

1. Siempre .... (salir, nosotros) de casa antes de las ocho.
2. En aquel tiempo, ... (soler, yo) viajar más que ahora.
3. La casa .... (ser) bastante grande, ... (tener) cuatro habitaciones y desde la terraza .... (verse) el mar.
4. Cuando llegué a casa, no .... (haber) nadie.
5. En mi clase .... (ser, nosotros) ocho y cada uno .... (venir) de un país diferente.

6. En aquel trabajo, Ana .... (hacer) cada día lo mismo.
7. Mi primer coche .... (ser) azul y solo .... (tener) dos puertas.
8. Mientras .... (cenar, tú), empezó la película.
9. Cuando me has llamado, ... (estar, yo) en la ducha.
10. Cuando .... (hacer) calor, Marta y yo .... (coger) la bici e .... (ir) a la playa.

8a Fíjate en los usos del pretérito imperfecto de la actividad anterior y clasifica las frases en la tabla.

Describir en pasado	Hablar de acciones habituales en el pasado	Acción durativa en relación con otra terminada

9 ¿Cómo era Belén de pequeña y cómo es ahora? Clasifica estos enunciados en el pasado (PS) o en el presente (PR) y conjuga los verbos en el tiempo adecuado.

1. Ser tímida. .... PS PR
2. Salir con amigos. .... PS PR
3. Hablar con poca gente. .... PS PR
4. Ser sociable. .... PS PR

5. No tener muchos amigos. ... PS PR
6. Ir a la guardería. .... PS PR
7. Estudiar Periodismo. .... PS PR
8. Querer ser veterinaria. .... PS PR

9. Querer ser presentadora...... PS PR
10. Gustar coger insectos. .... PS PR
11. Tener novio. .... PS PR
12. Jugar sola. .... PS PR

De pequeña...

Ahora...

10 El niño de la foto es Juan en su habitación cuando era pequeño. Escribe un texto de unas cincuenta palabras describiendo cómo era él y también cómo era su cuarto.

11 Cambia las formas verbales del texto de acuerdo con el marcador temporal *antes*.

Antes…

[1] Trabajo .... de nueve a cinco. A las once [2] hacemos .... una pausa y un compañero y yo [3] tomamos .... café en un bar cerca de la oficina. Luego, a las dos, [4] salgo .... a comer. Normalmente, [5] voy .... a un restaurante cercano. Me [6] gusta .... ir sola para relajarme y no hablar de trabajo. Mientras [7] como ...., [8] veo .... las noticias en la televisión. [9] Salgo .... de la oficina con una compañera y juntas nos [10] dirigimos .... al gimnasio. [11] Hacemos .... ejercicio durante una hora. Después del gimnasio, algunos días [12] vamos .... a tomar algo o [13] vemos .... una película. Otros días [14] vuelvo .... a casa y [15] preparo .... algo de cenar. Mientras [16] ceno ...., [17] veo .... alguna serie en la tele o [18] leo .... la prensa digital en el ordenador. No [19] suelo .... acostarme tarde, a las once y media ya [20] estoy .... durmiendo.

12 Completa las frases con el marcador temporal adecuado.

Siempre | Esta semana | Antes | Hace un año | Mientras | Cuando

1. .... Esta semana .... he hecho dos exámenes.
2. .... ~~Mientras~~ Cuando .... comía, veía la televisión.
3. .... Antes .... hacía más calor que ahora.

4. .... Hace un año .... estuve en Japón.
5. .... Cuando ~~mientras~~ .... la llamé, no estaba.
6. .... ~~Siempre~~ .... me levantaba a las ocho.
   ~~Antes~~ siempre

13 Lee estas tres noticias y clasifica los verbos en la tabla según su función.

① **Una niña gastó más de 1000 euros en un viaje a Disneyland París al averiguar el PIN de su padre mientras él dormía**

La niña aprovechó mientras su padre dormía para averiguar el código PIN de su tarjeta de crédito. Con él, reservó un viaje para toda la familia que incluía entradas para el parque temático de Disney y un *tour* VIP a la Torre Eiffel; también pagó los billetes de avión.

② **Un ladrón engañó a un policía y este lo ayudó a entrar en una casa para robar**

Jason Burns, un chico de 29 años, iba a robar en una casa cuando un policía lo vio. El joven decidió mentir al oficial diciéndole que vivía en esa casa con una amiga y le pidió ayuda para abrir la puerta porque no tenía las llaves y su amiga no estaba en casa.

③ **Un niño de Barcelona regaló 10 000 euros entre sus compañeros del colegio**

El niño cogió de su casa muchos billetes de cien euros, que eran los ahorros de su abuela para comprar un dispositivo sanitario que necesitaba, y los repartió entre sus compañeros de clase. Los padres se han puesto en contacto con las familias de los niños y les han pedido la devolución del dinero.

Extraído de http://www.antena3.com/noticias/diez-noticias-2017-que-parecen-inocentadas-pero-son_201712285a44f1490cf275a18cb9e62a.html

Narración/Hechos	Descripción/Circunstancias
1.	1. ....
2.	2. ....
3.	3. ....

14 Completa esta noticia escribiendo los verbos en el tiempo adecuado del pasado: pretérito perfecto, indefinido o imperfecto.

Unos 80 concursantes [1] .....*participaron*..... (participar) en una competición anual que se
[2] ..*Celebró*..... (celebrar) el pasado día 5 en Taiwán y que [3] ...*consistía*.... (consistir) en no hacer
absolutamente nada, algo que, aunque parece sencillo, no lo [4] .... (ser) en absoluto para las
decenas de concursantes que [5] .... (participar) este año.

La edición celebrada el pasado sábado la [6] .... (ganar) un joven de 24 años de Hong
Kong que [7] .... (estar) mirando al cielo durante 90 minutos. El calor, el sol y las moscas
[8] .... (ser) lo más difícil para Chan Kai-Ho, el ganador, que [9] .... (quedar)
impresionado de su propio logro. "[10] .... (Pensar, yo) que no [11] .... (ser) capaz
de estar tanto tiempo sin hacer nada".

Bajo el lema "Relaja tu cerebro", los competidores [12] .... (tener) que estar sentados y no
[13] .... (poder) hablar, dormir, comer ni usar ningún dispositivo electrónico.

El evento [14] .... (querer) llamar la atención y hacer reflexionar sobre las muchas
distracciones a las que las personas nos enfrentamos en nuestra vida cotidiana.

Adaptado de http://www.antena3.com/noticias/mundo/cuanto-tiempo-aguantarias-hacer-nada-taiwan-celebrado-competicion-cuyo-objetivo-permanecer-in
movil_201712115a2e70b80cf2b410eaa9b0a0.html

14a Ahora escucha la noticia y comprueba tu respuesta anterior. Después marca verdadero o falso.

[12]
1. La competición consistía en mirar el cielo todo el tiempo posible. .... V F
2. Esta competición se celebra cada año. .... V F
3. El ganador sabía que podía conseguirlo. ..... V F
4. El evento no tenía ninguna finalidad social o humana. .... V F
5. Una de las cosas más duras para el ganador fue el tiempo que hacía. .... V F
6. No se podía llevar móvil. .... V F

15 Corrige los errores.

1. Cuando era pequeña, estudié todas las tardes y luego jugaba con mis amigos. ....
2. En 1950 nadie tuvo internet. ....
3. Antes la gente ha sido menos tolerante.
....
4. De pequeño, me encantó la música clásica. Por eso empezaba a estudiar piano.
....
5. Mi abuela siempre hizo una tarta riquísima.
....
6. Siempre fui al trabajo en bicicleta, incluso cuando llovía.
....

16 Elige la opción correcta.

1. Nunca **he visitado/visitaba** Praga.
2. Ayer, mi hermano **fue/ha ido** al cine.
3. **Era/Fue** verano cuando empecé la universidad.
4. Ayer te **compré/compraba** un regalo.
5. Todavía no **he leído/leía** el *Quijote*.
6. Cuando **llegué/llegaba** al trabajo, no había nadie.
7. En 1995 **iba/fue** a Londres.
8. No **vi/he visto** nunca una película en español.
9. Antes la gente **tuvo/tenía** menos estrés.
10. Mi mejor amiga del colegio **fue/era** muy tímida.

17 Transforma las siguientes frases usando el posesivo pospuesto correcto.

1. Es nuestra casa. *Es la nuestra.*
2. Son vuestras amigas. ....
3. ¿Tienes mis gafas? ....
4. Coge su libro. ....
5. Rompió tu camiseta. ....
6. Es su hermana. ....
7. Son nuestros profesores. ....
8. No es mi coche. ....
9. Vienen sus primos. ....
10. ¿Son tus pantalones? ....

Cultura

18 Lee el texto y escribe cada lengua y dialecto que se menciona (aparte del castellano) en su lugar correspondiente del mapa.

Lenguas oficiales en España

España es uno de los países plurilingües de Europa. En su territorio se hablan cuatro lenguas oficiales: el castellano, el catalán, el gallego y el euskera o vasco. En muchas zonas del país hay, por lo tanto, una situación de bilingüismo. La población que habla dos de las cuatro lenguas oficiales es aproximadamente de dieciséis millones de habitantes, es decir, el 35 % de la población. Este hecho es tratado en la Constitución española de la siguiente manera:

- El castellano es la lengua española oficial del Estado. Todos los españoles tienen la obligación de conocerla y el derecho de usarla.

- Las demás lenguas españolas serán también oficiales en las respectivas comunidades autónomas de acuerdo con sus Estatutos.

El castellano, el catalán y el gallego son lenguas de origen latino, pero desconocemos cuál es el origen del euskera, pues esta lengua es anterior a la llegada de los romanos a la Península. El idioma más hablado en España después del castellano es el catalán, con más de diez millones de hablantes, y el menos hablado es el euskera, con un millón. Además existen dialectos, como el valenciano y el mallorquín, que son dialectos del catalán, y lenguas en proceso de convertirse en oficiales como el bable, en Asturias.

Adaptado de http://boj.pntic.mec.es/jsic0001/lenguas_y_dialectos/lenguas.html

18a Vuelve a leer el texto y marca verdadero o falso.

1. En algunas zonas de España la gente habla dos idiomas. .... V F
2. La Constitución dice que el castellano es la única lengua oficial en España. .... V F
3. Casi todas las lenguas oficiales de España tienen origen latino. .... V F
4. El idioma oficial menos hablado es el gallego. .... V F
5. El bable es ya una lengua oficial. .... V F

18b Relaciona.

1. El 35 % de la población
2. España
3. El catalán
4. En España
5. El bable está en proceso de

a. es uno de los países con más idiomas oficiales de Europa.
b. hay también dialectos.
c. habla dos lenguas oficiales.
d. es el segundo idioma oficial más hablado.
e. convertirse en lengua oficial.

Buenos días   *Ola*   *Bon dia*   *Egun on*

Bo día   *Kaixo*   *Hola*

Palabras

1 Lee las siguientes iniciativas para mejorar nuestro entorno y complétalas con los verbos del recuadro.

| crea | instala | usa | evita | disminuye | clasifica | limpia | recicla |

1. .... la contaminación utilizando la bicicleta como medio de transporte.
2. .... la playa de basura para .... la contaminación del agua.
3. .... paneles solares en casa para .... energía limpia.
4. .... nuevos productos a partir de material reciclado.
5. .... cada desecho en su contenedor correspondiente para poder ....

2 Relaciona las palabras del recuadro con su imagen correspondiente.

| pilas | bolsas | latas | periódicos | jeringuilla usada | botellas | manzanas | pañales |

2a Fíjate en el color de los contenedores y completa el tipo de material que se recicla en ellos. Luego clasifica los objetos de la actividad anterior en el contenedor adecuado.

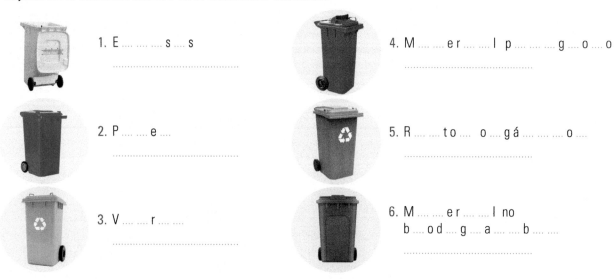

1. E.........s...s
....

2. P.......e....
....

3. V.......r.......
....

4. M.......er.....l p.......g...o...o
....

5. R.......to....o...gá.........o...
....

6. M.......er.......l no
b....od....g....a.......b.......
....

3 Relaciona.

1. ordenador   a. de papel
2. folleto   b. de leche
3. bolsa   c. roto
4. lata   d. de plantas
5. brik   e. publicitario
6. caja   f. de conservas
7. botella   g. de cartón
8. restos   h. de vidrio

4 Daniel tiene que hacer varias tareas para su madre. Lee la conversación y escribe las palabras que faltan.

Madre: Toma nota de las tareas que tienes que hacer. Primero, acércate al contenedor azul y dejas todas estas [1] .... Ya no las voy a leer más.

Daniel: Si quieres, puedo bajar también las cajas de [2] .... que tengo en la habitación.

Madre: Perfecto. En el cuarto de baño he dejado algunos [3] .... vacíos que hay que llevar al contenedor amarillo. ¿Tienes algo más que podamos llevar?

Daniel: Sí, ahora que recuerdo, tengo unas [4] .... de mi reloj que puedo reciclar en el contenedor rojo. Están gastadas.

Madre: Muy bien. Lleva eso y cuando vuelvas, te doy algo más.

4a  Ahora escucha y comprueba tus respuestas.

[13]

5 Tienes una caja de cartón y quieres darle nuevos usos. ¿Cómo la puedes reutilizar? Imagina tres opciones y escríbelas.

1. ....
2. ....
3. ....

3a Escribe en qué contenedor debe tirarse cada residuo de la actividad anterior.

1. ....   5. ....
2. ....   6. ....
3. ....   7. ....
4. ....   8. ....

Daniel: ¿Qué?

Madre: He recogido varios tapones de [5] .... y quiero reciclarlos.

Daniel: ¿Y en qué contenedor tengo que dejarlos? ¿En el azul?

Madre: No. En el contenedor marrón, el de los residuos [6] .... Avísame cuando vuelvas.

Daniel: Vale. Pues cuando vuelva, me los das y los llevo.

6 Relaciona.

1. Casi todo se puede arreglar:
2. Las cajas de cartón y los briks de leche no
3. Los metales se pueden separar de los objetos que desechamos
4. En mi barrio no hay un punto limpio cerca,
5. El papel es una de las industrias
6. El vidrio y el plástico
7. En Suecia están muy concienciados con el reciclaje,
8. Menos consumo en todos sentidos:

a. y ser utilizados de nuevo.
b. así que tengo que coger el coche para poder llegar.
c. ropa, muebles, móviles… Así puede alargarse su vida útil.
d. que más utiliza materiales reciclados.
e. se tiran en el mismo contenedor.
f. por eso es el país que más recicla de Europa.
g. menos desperdicio, menos energía, menos productos no reciclables…
h. se tiran en contenedores diferentes.

Gramática

7 Completa las frases escribiendo los verbos entre paréntesis en futuro simple.

1. Está claro que en el futuro la ciencia ...*avanzara*... (avanzar) más rápido.
2. En 50 años, probablemente algunos humanos ...*vivirán*... (vivir) en Marte.
3. En muchas sociedades, los robots ...*cuidaran*... (cuidar) a la gente mayor.
4. ¿Alguna vez habéis pensado cómo ...*seréis*... (ser, vosotros) en 50 años?
5. Dentro de 50 años ...*tenere*... (tener) 92 años, porque ahora tengo 42.
6. Probablemente, muchas especies animales no ...*podran*... (poder) sobrevivir.

8 Subraya los verbos irregulares en futuro simple.

> (valer) | (tener) | estar | (hacer)
> (poner) | dormir | (saber) | (querer)
> conducir | (salir) | empezar | leer
> ir | (poder) | (decir) | andar | traer
> (venir) | llamar | (escribir)

8a Elige cinco de los verbos irregulares de la actividad anterior y escribe una frase con cada uno de ellos.

1. En 50 año vendré a Cuba para les vacacines
2. En el futuro, querré tocar a la guitarra.
3. Saldé de la clase cuando el profesor le dice
4. A manana, diremos que no podemos continuar segun
5. pondreis

9 ¿Cómo crees que será la vida de Valentina? Escribe frases sobre su futuro utilizando los marcadores temporales que aparecen a continuación.

1. Esta tarde Valentina comera lo que su mamer
2. Dentro de diez años Valentina hará musica
3. En seis años ira a la escuela
4. A los dieciocho años sera mayor
5. El año que viene Valentina caminara con sus padres
6. En el año 2040 sera estudiara en la universidad

10 Escucha a estas personas y marca la opción correcta en cada situación.

[14]

1. Álvaro deja un mensaje para…
   a. confirmar que va a ir al cumpleaños de Iván.
   b. decirle a Iván que no podrá ir a su cumpleaños.
   c. quedar para ir a estudiar juntos en la biblioteca.

2. Nuria le dice a su hija que…
   a. llegará para su cumpleaños.
   b. no sabe a qué hora llegará el sábado.
   c. llegará un día después de su cumpleaños.

3. La cantante reacciona ante la pregunta…
   a. enfadada y dice que no hablará de su vida personal.
   b. enfadada, pero da alguna información personal.
   c. tranquila y dice que hablará al final de la entrevista.

4. La predicción de la vidente…
   a. es muy positiva para Carlos y muy negativa para Míriam.
   b. dice que ve mucho silencio en la empresa.
   c. solo habla de cambios de decoración.

11 Fíjate en estas situaciones y escribe una frase en futuro simple siguiendo las instrucciones.

1. Has llegado a casa tarde otra vez. Tus padres están enfadados. > Promételes un cambio en tu comportamiento.

2. Tu pareja ha perdido su libro favorito. Tú no sabes dónde está, pero lo supones. > Dile dónde supones que está el libro.

3. Es otoño y el jardín de tu casa está lleno de hojas. > Prométele a tu pareja que lo vas a limpiar el fin de semana.

4. Tu mejor amigo necesita ayuda con el trabajo de Historia. > Prométele que vas a ayudarlo.

5. El examen de Español no ha tenido el resultado que esperabas. > Haz un compromiso contigo mismo para mejorar.

6. Ya sabes dónde vas a ir de vacaciones este verano. > Comenta con tus compañeros tus planes.

12 Relaciona.

1. ¿Cuándo piensas
2. La próxima semana Luis y yo
3. Alejandro y Eva
4. Mi hermana
5. No pienso
6. ¿A qué hora crees que
7. Carmen y tú

a. no vais a participar.
b. estará en EE. UU. el próximo año.
c. ayudarte porque no has estudiado.
d. llegarás?
e. se piensan casar en junio.
f. empezar a reciclar?
g. vamos a viajar a Santander.

13 ¿Qué condición se necesita cumplir en cada una de estas frases? Escríbelas.

1. Tendremos mares limpios si
2. Ahorrarás energía en casa si
3. Consumiré de una forma responsable si
4. Viviré muchos años si
5. Hablaré mejor español si
6. Tendré muchos amigos si

14 Fíjate en la imagen y escribe seis predicciones sobre el futuro de esta persona.

1. Posiblemente
2. Supongo que
3. Seguramente
4. Probablemente
5. Seguro que
6. Creo que

15 Transforma estas frases usando el futuro simple. Fíjate en el ejemplo.

1. Posiblemente son las diez y media.
   > *Serán las diez y media.*.................................

2. Creo que Juan está enfermo.
   > ....

3. Pienso que María tiene quince años.
   > ....

4. Es la una y cuarto, creo.
   > ....

5. Probablemente cuesta treinta euros.
   > ....

6. Creo que mide casi dos metros.
   > ....

7. Probablemente estamos a 0 °C.
   > ....

8. Posiblemente pesa diez kilos.
   > ....

16 Completa el texto escribiendo los verbos entre paréntesis en futuro simple.

El futuro de los idiomas

En un futuro no muy lejano, probablemente dentro de unos cien años, los idiomas [1] .... (ser) menos complicados y [2] .... (haber) muchos menos. Según el doctor en lingüística John McWhorter, el 90 % de las lenguas que conocemos en la actualidad [3] .... (desaparecer). Si en la actualidad existen unas seis mil lenguas en todo el mundo, en poco más de un siglo solo [4] .... (existir) unas seiscientas. Los movimientos migratorios, que [5] .... (continuar) en los próximos años, [6] .... (hacer) que los idiomas de origen se pierdan en muchos casos. Sobre los idiomas mayoritarios, no sabemos si el inglés [7] .... (tener) la misma importancia que ahora, ya que el uso español [8] .... (ser) cada vez mayor. Otras lenguas con numerosos hablantes, como el mandarín o el árabe, no [9] .... (poder) alcanzar al inglés por su dificultad para aprenderlas de adulto.

Adaptado de https://www.elconfidencial.com/alma-corazon-vida/2015-01-23/que-lengua-hablara-el-mundo-en-2115_628877/

16a Vuelve a leer el texto y decide si las siguientes afirmaciones son verdaderas o falsas.

1. Existen más de seis mil idiomas en todo el mundo. .... [V] [F]
2. La mayoría de las lenguas actuales desaparecerán dentro de cien años. .... [V] [F]
3. Probablemente el español será la lengua universal del futuro. .... [V] [F]
4. Hay lenguas que se perderán a causa de los movimientos migratorios. .... [V] [F]
5. El mandarín tendrá más importancia que el inglés. .... [V] [F]
6. El árabe será una de las lenguas que desaparecerán en el próximo siglo. .... [V] [F]
7. Las lenguas serán más sencillas en el futuro. .... [V] [F]

17 Elige uno de estos temas y escribe un texto con tus hipótesis para el futuro. Puedes utilizar el diccionario.

| la vivienda | las ciudades | la medicina | los deportes | la educación | las nuevas tecnologías |

18 Decide si estas afirmaciones sobre el Festival Internacional de Cine de San Sebastián son verdaderas o falsas.

1. El Festival de San Sebastián tiene más de cien años. .... [V] [F]
2. El festival se celebra todas las primaveras. .... [V] [F]
3. Es un certamen de cine español y latinoamericano. .... [V] [F]
4. Muchos directores de cine han presentado sus películas en el festival. .... [V] [F]
5. Al festival acuden cada año muchos famosos del cine. .... [V] [F]
6. Las Conchas de Oro y Plata son los premios más importantes. .... [V] [F]
7. El certamen se celebra en la ciudad mediterránea de San Sebastián. .... [V] [F]

19 Fíjate en las imágenes y elige la opción correcta.

a. Es el Teatro Victoria Eugenia de San Sebastián.

b. Es el museo Guggenheim de Bilbao.

c. Es el Kursaal, sede actual del Festival de San Sebastián.

a. El Festival de San Sebastián es famoso por su sección de efectos especiales.

b. El estreno en Europa de *Star Wars* tuvo lugar en el Festival de San Sebastián.

c. Muchos actores veteranos reciben premios por su carrera.

a. Donostia o San Sebastián es una ciudad vasca de la costa norte de España.

b. San Sebastián está en Galicia, en el norte de España.

c. Donostia es la capital del País Vasco.

20 Completa el texto con las palabras del recuadro.

actores | premiados | directores | figuras | españoles | prestigio | carrera | actrices

Premios Donostia

Costa-Gavras

En 1986, el Festival de San Sebastián creó el Premio Donostia para reconocer las grandes [1] .... del cine, las que han hecho las mayores aportaciones y que forman ya parte de la historia de la cinematografía.

El primer premio Donostia fue para Gregory Peck, en reconocimiento a su extraordinaria [2] .... Otros muchos grandes [3] .... y [4] .... han sido [5] ...., como los estadounidenses Al Pacino, Bette Davis y Robert de Niro; los europeos Max Von Sydow, Jeanne Moreau y Anthony Hopkins; y los [6] .... Antonio Banderas y Penélope Cruz. Pero no solo han recibido el Premio Donostia intérpretes, también lo han ganado [7] .... como Costa-Gavras, Francis Ford Coppola y Oliver Stone.

El Premio Donostia se entrega durante la celebración del festival y cada año lo reciben una o más personalidades de la industria del cine. Este premio ha conseguido dar más [8] .... al festival y lo ha convertido en uno de los más importantes certámenes de cine del mundo.

Unidad 8 En línea

Palabras

1 Relaciona las palabras del recuadro con las imágenes.

tuit

buscador

usuario

banderola

sitio web

boletín

1a Utiliza las palabras de la actividad anterior para completar estos diálogos.

1. ▶ Oye, leí el .... que pusiste ayer. Me encantó, era muy divertido.

   ▷ Gracias. No sabía que tú también tenías .... en Twitter, ¿cómo te llamas?

2. ▶ Estoy harta de este .... de móviles; siempre salen .... de publicidad que no me dejan ver bien el móvil. Tú conocías uno con precios interesantes, ¿no?

   ▷ Sí, escribe en el .... movilesbaratos.com. Es necesario suscribirse al ....; luego ya puedes comprar cualquier móvil sin molestias a precios increíbles.

2 Relaciona cada palabra con su definición.

1. etiqueta   a. Plataforma digital que pone en contacto a gran número de usuarios.
2. red social   b. Palabra o serie de palabras precedida por el símbolo de almohadilla #.
3. visita   c. Acceso de una persona a un sitio web.
4. boletín   d. Número de veces que se publica un anuncio en un sitio web.
5. frecuencia   e. Publicación digital distribuida a través de internet a los usuarios que quieren recibirla.

3 Lee estos mensajes y marca los que crees que se han publicado en un boletín.

1. ☐ Buenos días. Te adjunto las fotos que hicimos en la excursión del pasado fin de semana. Un saludo, Lidia.
2. ☐ Hola, ¿alguien con la tarde libre para ver una peli? :-)
3. ☐ Estimados/as amigos/as: El próximo mes, en nuestro club de cine de los viernes, hablaremos de las siguientes películas:...
4. ☐ Hola a todos. He comprado un móvil nuevo, un GG 203S, y no sé qué antivirus instalar. ¿Tenéis alguna recomendación?
5. ☐ La última actualización de nuestro programa ya está disponible. Toda la información en la página 3.

3a ¿Dónde crees que pueden aparecer los otros mensajes?

4 Elige la opción correcta.

1. ¿Va a pagar con **tarjeta/etiqueta** de crédito o en efectivo?

2. Cuesta quince euros, pero hay que pagar tres más por **las garantías/los gastos** de envío.

3. Los consumidores están contentos con nosotros. Nuestra empresa tiene buena **reputación/política**.

4. Me han dicho que este producto no tiene **garantía/reputación**; si se rompe, no me devuelven el dinero.

5. Nuestra **política/historia** de devolución especifica que solo pueden pasar quince días después de la compra para el reembolso del dinero.

5 Lee las siguientes etiquetas y relaciónalas con una imagen.

1. #TarjetaDeCrédito

2. #GarantíaPorDefecto

3. #Reembolso

4. #GastosDeEnvío

5. #FormaDePago

6. #Reputación

5a Utiliza las etiquetas de la actividad anterior para clasificar los mensajes que aparecen en este foro.

1. **Teresa.** Yo tampoco compraré nunca más. Estuve viendo comentarios y la mayoría eran positivos, así que compré unos altavoces. Nunca funcionaron; eso sí, no tuve problemas para recuperar el dinero.

2. **Leo.** Pues yo estoy muy contenta con este sitio. He comprado varias cosas y cuando, después de un tiempo, alguna me ha dado problemas, la garantía me ha cubierto la reparación sin ningún problema.

3. **Martín.** El problema es que los precios parecen muy interesantes, pero solo lo parecen porque, cuando te dispones a hacer la compra, el coste del envío es alto y, al final, resulta más caro que otros sitios.

4. **Sara.** Yo tuve problemas al meter el número de la tarjeta de crédito y no se podía hacer un pago contrarreembolso, así que al final tuve que comprarlo en otro sitio.

5. **Raúl.** Asegúrate de que escribes correctamente todos los números, revísalos. También debes poner la fecha de caducidad, es decir, hasta cuándo es válida y, por último, los tres números de seguridad que vienen detrás, al otro lado. Antes de aceptar, repasa todos los datos.

6. **Paco.** Pues yo estoy muy contento: buena relación calidad-precio, atención maravillosa y, además, me lo llevaron gratis a casa. Para mí, un diez.

5b Vuelve a leer los mensajes anteriores y relaciónalos con los siguientes enunciados.

a. ☐ Piensa que el anuncio miente.

b. ☐ No piensa volver a comprar en ese sitio.

c. ☐ Está satisfecho con la garantía del producto.

d. ☐ Tuvo problemas con el medio de pago.

e. ☐ El reembolso fue sencillo.

f. ☐ No es tan barato como parece.

g. ☐ No tuvo que pagar gastos de envío.

h. ☐ Debe revisar bien sus datos.

Gramática

6 Completa la tabla del imperativo con las formas que faltan.

	Hablar	Leer	Escribir
tú	habla	[3]	[5] ....
usted	[1]	lea	[6] ....
vosotros/as	hablad	[4]	escribid
ustedes	[2]	lean	[7] ....

7 Relaciona las personas con sus imperativos negativos.

| **1.** tú | **2.** vosotros/as | **3.** usted | **4.** ustedes |

a. ☐ no viváis
b. ☐ no digas
c. ☐ no durmáis
d. ☐ no lea
e. ☐ no pidan

f. ☐ no empieces
g. ☐ no salgas
h. ☐ no duerma
i. ☐ no pidáis
j. ☐ no digan

8 Elige la opción correcta.

1. Hijo mío, **piensa/piensen** antes de hablar.
2. Señores pasajeros, **apagad/apaguen** sus móviles.
3. Si no está satisfecho con la compra, **devuelve/devuelva** el producto.
4. Si os gusta este autor, **leed/lees** esta novela.
5. Si tienes algún problema, **hablan/habla** conmigo.
6. Te **duerme/Duérmete** ya, es tarde.
7. **Cállense/Callaos** un minuto, os tengo que contar una cosa.

9 Completa estas frases con los verbos en la persona *tú* del imperativo afirmativo.

1. .... (Encender) el ordenador, quiero enseñarte mi presentación.
2. .... (Hacer) lo que te digo, verás qué bien.
3. Necesito llamar, ... (colgar) el teléfono.
4. Todavía no es la hora, ... (seguir) durmiendo.
5. .... (Sustituir) el documento por el que te envío, lo he corregido.
6. Hay poca luz, ... (tener) cuidado.
7. Tiene muchos errores, ... (volver) a hacerlo.
8. .... (Poner) la tele, quiero ver las noticias.
9. ¿Qué tal el fin de semana? .... (Contar, a mí).
10. Tienes muy mala cara, ... (ir) al médico.
11. .... (Empezar) tú sola, ahora mismo voy yo.
12. .... (Vestirse), que nos vamos.

9a Clasifica los verbos de la actividad anterior en uno de los siguientes cuadros de acuerdo con su irregularidad.

e › ie	o › ue	e › i	i › y	Irregularidad especial

10 Transforma los imperativos afirmativos en negativos sin cambiar la persona.

1. Ven antes de las diez. ❯ ....
2. Baja esa canción. ❯ ....
3. Di la verdad. ❯ ....
4. Sigue hablando. ❯ ....
5. Introduzca su número secreto. ❯ ....
6. Id a verla. ❯ ....
7. Salgan despacio. ❯ ....
8. Hablad con los compañeros. ❯ ....
9. Marcad el código. ❯ ....
10. Coged el teléfono. ❯ ....
11. Jugad fuera. ❯ ....
12. Duerme al niño. ❯ ....

11 Escucha al dependiente de una tienda hablando sobre un móvil y marca si las siguientes acciones aparecen en imperativo afirmativo (A) o negativo (N).

[15]

1. Mojar el móvil. .... A N
2. Cargar dos horas antes del primer uso. .... A N
3. Hacer fotos de día. .... A N
4. Hacer fotos de noche o en interiores. .... A N
5. Poner una tarjeta de memoria externa. .... A N
6. Bloquear con la huella dactilar. .... A N

12 Responde a estas preguntas usando el imperativo adecuado. No olvides añadir los pronombres necesarios.

1. ▶ ¿Puedo abrir la ventana?
   ▷ Claro que sí, ...

2. ▶ ¿Crees que debo comprar estos libros?
   ▷ No, ...

3. ▶ ¿Le cuento la verdad a Juan?
   ▷ Sí, sí, ...

4. ▶ Perdone, ¿puedo ir al aseo?
   ▷ Por supuesto, ...

5. ▶ ¿Cojo un paraguas?
   ▷ Sí, sí, ...

6. ▶ ¿Puedo llevarme este libro?
   ▷ No, ...

7. ▶ ¿Te llamo luego?
   ▷ Sí, por favor, ...

8. ▶ Llaman a la puerta, ¿abro?
   ▷ No, ...

9. ▶ Tenemos prisa. ¿Podemos irnos?
   ▷ Por supuesto, ...

10. ▶ ¿Podemos cerrar la ventana? Hace frío.
    ▷ Sí, sí, ...

11. ▶ ¿Le doy a José la camisa?
    ▷ No, lo siento, ...

12. ▶ ¿Os mando la foto por correo?
    ▷ No, ...

13. ▶ ¿Qué te parece si le regalo un móvil?
    ▷ Claro que sí, ...

14. ▶ ¿Os digo lo que pienso?
    ▷ Sí, claro, ...

13 Completa estas frases usando *deber* + infinitivo, *tener que* + infinitivo o *poder* + infinitivo en la forma y tiempo adecuados.

1. Mañana tengo un examen, hoy no .... salir.
2. Con el mando a distancia cualquiera .... dirigir el aparato.
3. ¿Crees que Marta .... decirle la verdad? Yo creo que no es necesario.
4. Me .... ir ya, tengo una cita en diez minutos.
5. Lo siento, no .... llamarte esta mañana, he estado muy ocupado.
6. Ayer Eva y yo .... ir al hospital para ver a una amiga.

14 Completa las siguientes advertencias escribiendo los verbos entre paréntesis en la forma adecuada del imperativo. Luego relaciónalas con las imágenes.

a. .... (Introducir, usted) su tarjeta.
b. Antes de entrar, ... (dejar, ustedes) salir.
c. .... (Abrocharse, ustedes) los cinturones de seguridad.
d. No .... (olvidar, usted) comprobar su cambio.
e. .... (Apagar, ustedes) sus teléfonos móviles durante la función.
f. .... (Respetar, usted) la distancia de seguridad.

14a 🔊 Escucha el audio y comprueba tus respuestas de la actividad anterior.

[16]

14b 🔊 Escucha de nuevo y escribe todos los imperativos que escuches en la tabla.

[16]

Situación 1	Situación 2	Situación 3

Situación 4	Situación 5	Situación 6

15 Lee y completa el texto con los verbos del recuadro en la persona *tú* del imperativo.

tener | pensar | hacer | buscar | dudar | usar | comprar | revisar

Compra en línea sin riesgos (o casi)

Con el inicio del año llega el tiempo de ofertas y rebajas en las tiendas y también en el comercio *online*. Es una gran oportunidad para conseguir "chollos", pero también puede serlo para los estafadores en internet. La seguridad al 100 % no existe, pero sí es posible reducir mucho los riesgos siguiendo estos consejos:

- Si una oferta es demasiado buena, [1] .... de ella. Se debe tener mucho cuidado con todas las ofertas a precios imposibles que encontramos cada día en internet.
- [2] .... bien los textos, una mala redacción siempre es sospechosa.
- Si no conoces bien el sitio, no [3] .... clic en enlaces y archivos adjuntos. Así puedes evitar los virus y el acceso a tus datos importantes.
- [4] .... un candado verde en tu navegador, así podrás saber que la conexión es segura.
- Si compras por primera vez en un comercio, no [5] .... contraseñas que ya has utilizado en otros lugares. [6] .... diferentes contraseñas para que, si descubren una, no puedan entrar a otros sistemas como el de tu banco o tu correo. Si tienes muchas, [7] .... en usar un administrador de contraseñas, siempre es una buena idea.
- Si no encuentras comentarios o estos son negativos, no [8] .... ahí. La valoración de otros usuarios te puede ser de gran ayuda.

Cultura

16 Relaciona para formar frases.

1. Naranjito fue
2. La publicidad siempre ha sido
3. En los 80, España se convirtió en
4. Los resultados han servido para
5. La salud empezaba a ser
6. Las marcas concienciaban a la gente

a. la tercera potencia mundial en materia publicitaria.
b. uno de los principales argumentos publicitarios.
c. reflejo de la sociedad en la que nace.
d. inspirar a toda una generación de creativos.
e. de la importancia de las dietas sanas.
f. la mascota del Mundial de Fútbol celebrado en España en 1982.

17 Lee el texto y luego elige la opción correcta.

Quiero que mi eslogan tenga éxito, ¿qué hago?

El eslogan, esa frase simple y original que identifica a un producto o servicio, es una de las herramientas de *marketing* más poderosas que existen.

Un buen eslogan debe tener un máximo de ocho palabras, tiene que identificar claramente al producto y destacar los beneficios que lo hacen especial. Es una frase que atrapa al consumidor y define y sintetiza la idea del producto o servicio.

Para que tu eslogan tenga éxito, tienes que seguir estas pautas:

- Destaca tus propiedades respecto a la competencia. Piensa qué te hace diferente y crea una frase que represente esa diferencia.
- Sé original. Usa imágenes, rimas, ritmos, etc., para crear una frase difícil de olvidar. Recuerda también que debe tener una pronunciación fácil, ya que hay personas no nativas que también tendrán que recordarlo. No te olvides: si no es breve y fácil de memorizar, no es un eslogan.
- Haz que la marca rime con el eslogan. Esta estrategia se llama *marca incorporada* y ha tenido mucho éxito en los últimos diez años.
- Explica muy brevemente qué hace la marca. "Si es Bayer, es bueno" es un eslogan que representa exactamente qué hace la marca e incluso describe el beneficio que se promete. No te olvides de que, para desarrollar un eslogan exitoso, es necesario conocer perfectamente el negocio que quieres promocionar y ser un experto en lenguaje publicitario.
- Crea un logotipo. Un logotipo es un símbolo formado por imágenes o letras que sirve para identificar a una empresa o marca. El logotipo y el eslogan forman la combinación perfecta para crear tu identidad como marca.

Adaptado de https://www.entrepreneur.com/article/268482

1. Además del eslogan, la marca necesita...
   a. una imagen.
   b. un logotipo.
   c. una descripción de la marca.

2. Un eslogan debe...
   a. explicar la utilidad del producto o servicio.
   b. ser honesto, no original.
   c. tener como mínimo ocho palabras.

3. Un eslogan no debe...
   a. ser breve.
   b. explicar qué hace la marca.
   c. ser difícil de pronunciar.

4. Para crear un buen eslogan, tienes que...
   a. conocer muy bien lo que quieres promocionar.
   b. saber rimar.
   c. ser un experto en lenguaje.

Palabras

1 Relaciona las palabras del recuadro con su imagen correspondiente.

> ducha | sillón | terraza | dormitorio | lavadora | planta | ventana | cocina | estantería

2 Elige la opción correcta.

1. Me gusta esta casa porque tiene el **suelo/techo/baño** muy alto.
2. Excepto en el baño, el **edificio/lavabo/suelo** de toda la casa es de madera.
3. El apartamento está en un **pasillo/edificio/techo** bastante nuevo.
4. Quiero quitar la **bañera/taza/pared** y dejar solo la ducha.
5. En esta **puerta/terraza/pared** voy a colgar un espejo grande.
6. En la **estantería/nevera/lavadora** hay muchos libros.

3 Escucha el diálogo y escribe el nombre de cada elemento en el lugar correspondiente de la imagen.

[17]

> cocina | baño | dormitorio pequeño | salón
> dormitorio principal | pasillo | armario | sillón | bañera
> lavabo | sillas | estantería 1 | estantería 2
> nevera | sofá | mesita | mesa | lavadora

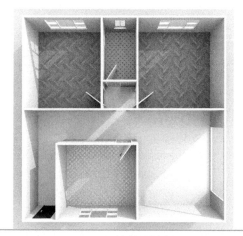

4 Lee las preguntas y escribe una redacción de unas cincuenta palabras sobre tu casa.

1. ¿Cómo es? ¿Cuántas habitaciones tiene?

2. ¿Cómo son las habitaciones? ¿Qué hay en ellas?

3. ¿Cuál es tu lugar favorito de la casa? ¿Por qué?

4. ¿Qué es lo que menos te gusta?

5 Relaciona los verbos con los complementos y luego cada frase con su imagen correspondiente.

1. Limpiar	a. el polvo.
2. Quitar	b. la aspiradora.
3. Poner	c. el suelo/los platos.
4. Pasar	d. la basura.
5. Fregar	e. la lavadora.
6. Sacar	f. la cocina/el baño.

6 Mira la imagen y marca verdadero o falso.

1. En mi casa no hay terraza. .... V F

2. Mi casa tiene tres habitaciones y dos baños. .... V F

3. En mi salón hay un sofá muy grande. .... V F

4. En la cocina hay cuatro sillas. .... V F

5. Mi casa tiene garaje. .... V F

6. En mi casa hay algunas plantas. .... V F

7. En mi casa hay dos camas. .... V F

8. En cada habitación, hay un escritorio. .... V F

9. Una habitación no tiene armario. .... V F

Gramática

7 Completa la tabla con las formas que faltan y escribe el nombre del tiempo al que pertenecen.

[1]...

	Cantar	Aprender	Abrir
yo	cante	[5]..........................	abra
tú	[2]..........................	aprendas	[8]..........................
él, ella, usted	[3]..........................	aprenda	[9]..........................
nosotros/as	cantemos	[6]..........................	abramos
vosotros/as	[4]..........................	aprendáis	[10]..........................
ellos, ellas, ustedes	canten	[7]..........................	abran

7a Conjuga estos verbos en el mismo tiempo verbal que los de la actividad anterior.

	Ser	Haber	Saber	Ir	Querer	Pedir
yo						
tú						
él, ella, usted						
nosotros/as						
vosotros/as						
ellos, ellas, ustedes						

	Hacer	Contar	Tener	Dormir	Conocer	Huir
yo						
tú						
él, ella, usted						
nosotros/as						
vosotros/as						
ellos, ellas, ustedes						

8 Completa las frases escribiendo los verbos entre paréntesis en presente de subjuntivo.

1. El profesor no nos deja que .... (usar, nosotros) el móvil en clase.
2. Os recomiendo que .... (visitar) la exposición, os va a encantar.
3. No te pido que lo .... (hacer) tú, solo que me .... (ayudar).
4. ¿Esperas que te .... (volver, ella) a llamar después de lo que dijiste?
5. Quiero que .... (conocerse, ellos), por eso espero que .... (venir) los dos a la cena.
6. Te prohíbo que .... (ir) con esa gente, no me gusta nada.
7. Me ha pedido que le .... (traducir) el correo electrónico al inglés.
8. No te aconsejo que .... (dormir) en esta habitación, hay mucho ruido de la calle.
9. Solo deseo que mañana .... (hacer) mejor tiempo y .... (poder, ellas) ir a la montaña.
10. No permiten que sus hijos .... (jugar) con los nuestros.
11. Queremos que Marta .... (limpiar) su cuarto ya.
12. Luis me aconseja que .... (hablar) con ella.

8a Clasifica los verbos de la actividad anterior en la tabla.

Regulares	Con irregularidades propias del presente de subjuntivo	Con la misma irregularidad que en presente de indicativo

9 Sustituye el verbo principal de cada frase por un sinónimo del cuadro.

permitir
~~rogar~~
suplicar
prohibir
esperar
aconsejar

1. Te pido que te calles. > *Te ruego que te calles.*
2. La escuela no deja que se use el móvil en clase. > ....
3. Deseo que todo te vaya bien. > ....
4. Siempre me ruega que la ayude. > ....
5. Nos recomiendan que visitemos el centro. > ....
6. Les impiden que vayan juntos. > ....

10 Elige la opción correcta.

1. Nadie quiere que eso **ocurre/ocurra**, todos esperan que se **soluciona/solucione** antes.
2. Está prohibido que **comemos/comamos** durante la clase.
3. Mis padres no me dejan que **asistir/asista** al concierto porque acaba muy tarde.
4. Solo os pido, por favor, que **terminéis/termináis** antes de las tres.
5. No te aconsejo **pasear/pasees** tan tarde solo por este barrio.
6. ¿Quieres que **hablo/hable** con él y que le **cuente/cuento** lo que pasó?
7. Mi jefe no me ha permitido **salir/salga** quince minutos antes.
8. Mis padres quieren **vayan/ir** de vacaciones a la montaña.

11 Corrige el error que hay en cada una de estas frases.

1. Espero que no te caes. > ....
2. Quiero que mi hermano viene a mi escuela.
   > ....
3. No quiero que ninguna persona duerme en la calle.
   > ....
4. Ojalá sabes la respuesta. > ....
5. Os prohíbo que Carlos y tú conducís de noche, es muy peligroso. > ....
6. No está bien que apagas la luz. > ....
7. Os recomiendo que vais al museo otro día, hoy hay mucha gente. > ....
8. Preferimos que no pides *pizza* para cenar.
   > ....
9. Quiero que recoges la habitación antes de mañana por la tarde. > ....
10. Te aconsejo que repites el ejercicio. > ....
11. Os recomiendo que practicáis más el examen oral.
   > ....

12 Clasifica las frases del recuadro en la tabla.

> **1.** Quiero que mis abuelos vivan aquí. | **2.** Espero que tengas suerte. | **3.** Te pido que no vayas allí.
> **4.** Espero que no llueva. | **5.** Te recomiendo que comas más verdura. | **6.** Te ruego que contestes el correo.
> **7.** Te prohíbo que salgas mañana. | **8.** Deseo que mi hijo apruebe los exámenes.
> **9.** Te sugiero que compres esa camiseta. | **10.** Te dejo que juegues toda la tarde.
> **11.** No te permito que hables así. | **12.** Te suplico que vuelvas. | **13.** No quiero que digas mentiras.

Dar consejos y hacer recomendaciones	Expresar deseos	Hacer peticiones	Expresar permiso o prohibición

13 Expresa un deseo para estas personas con los verbos del recuadro.

| llegar | gustar | dormir | ser | mejorarse | tener | aprobar | ganar |

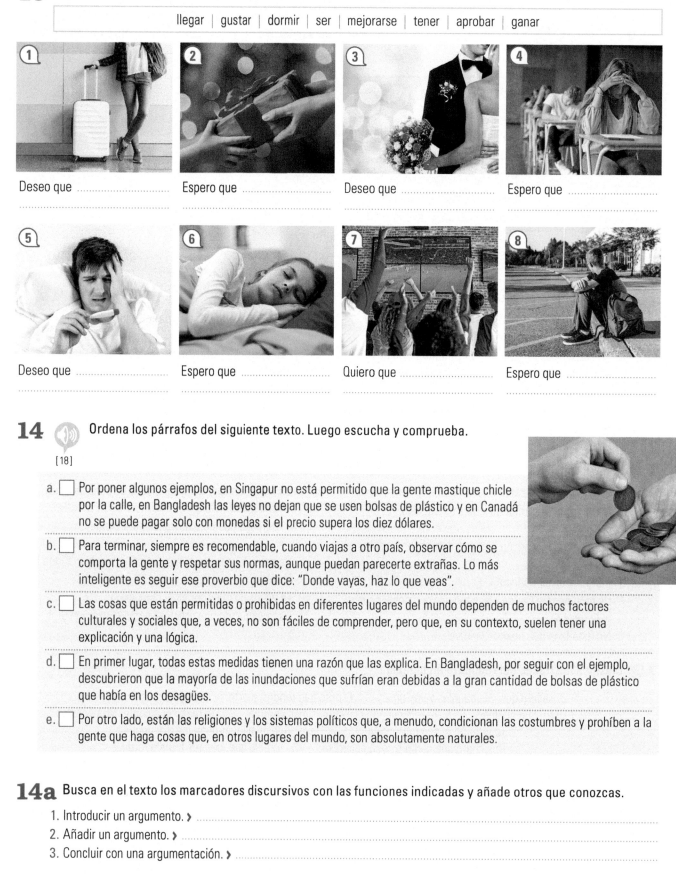

① Deseo que ....

② Espero que ....

③ Deseo que ....

④ Espero que ....

⑤ Deseo que ....

⑥ Espero que ....

⑦ Quiero que ....

⑧ Espero que ....

14 🔊 Ordena los párrafos del siguiente texto. Luego escucha y comprueba.

[18]

a. ☐ Por poner algunos ejemplos, en Singapur no está permitido que la gente mastique chicle por la calle, en Bangladesh las leyes no dejan que se usen bolsas de plástico y en Canadá no se puede pagar solo con monedas si el precio supera los diez dólares.

b. ☐ Para terminar, siempre es recomendable, cuando viajas a otro país, observar cómo se comporta la gente y respetar sus normas, aunque puedan parecerte extrañas. Lo más inteligente es seguir ese proverbio que dice: "Donde vayas, haz lo que veas".

c. ☐ Las cosas que están permitidas o prohibidas en diferentes lugares del mundo dependen de muchos factores culturales y sociales que, a veces, no son fáciles de comprender, pero que, en su contexto, suelen tener una explicación y una lógica.

d. ☐ En primer lugar, todas estas medidas tienen una razón que las explica. En Bangladesh, por seguir con el ejemplo, descubrieron que la mayoría de las inundaciones que sufrían eran debidas a la gran cantidad de bolsas de plástico que había en los desagües.

e. ☐ Por otro lado, están las religiones y los sistemas políticos que, a menudo, condicionan las costumbres y prohíben a la gente que haga cosas que, en otros lugares del mundo, son absolutamente naturales.

14a Busca en el texto los marcadores discursivos con las funciones indicadas y añade otros que conozcas.

1. Introducir un argumento. ❯ ....
2. Añadir un argumento. ❯ ....
3. Concluir con una argumentación. ❯ ....

Cultura

15 Completa el nombre de estos instrumentos.

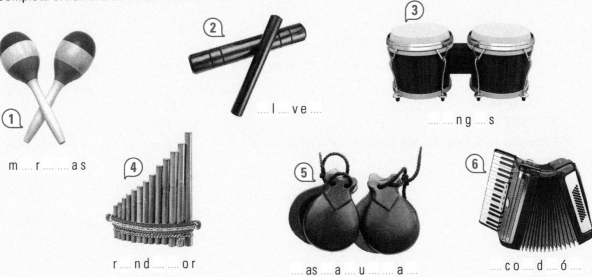

① m .... r .... a s

② .... l ... ve ....

③ .... ng .... s

④ r ... n d .... o r

⑤ ... as ... a ... u ..... a ....

⑥ .... co ... d ... ó ....

16 Completa el texto con las palabras del recuadro.

| ritmos | estilos | merengue | género | conciertos | son |

El origen de la salsa

Fue a finales de los años 60 e inicio de los 70 cuando surgió el nombre de salsa como un [1] .... musical. Después de alcanzar una notable repercusión en Estados Unidos, la música latina llegó a todo el mundo y fue conocida por este género. Esto sucedió de una forma muy curiosa: Izzy Sanabria, diseñador gráfico en los estudios de Fania All Stars, reunió todos los [2] .... de origen cubano que había hasta entonces bajo una misma denominación. La intención era eliminar confusiones y poder vender el concepto mucho mejor. El término que utilizó para unir todos estos sonidos dispersos fue el de

salsa, una palabra con la que se animaba a las bandas durante los [3] .... Así, se puede decir que la salsa, como conjunto de ritmos y [4] ...., nació en Cuba, pero fue en Estados Unidos donde se desarrolló y se lanzó hacia el resto del mundo.
Suele decirse que la principal influencia de la salsa es el [5] .... cubano. Pero, a la vista de su origen en la sucesión de estilos y ritmos, también hay que decir que tiene influencias del mambo, el chachachá, la guaracha, la rumba, la bomba, la plena y el [6] ....

Adaptado de https://www.goandance.com/es/blog/salsa/52-los-origenes-de-la-salsa-y-su-historia

17 Relaciona cada artista con su género.

1. Celia Cruz
2. Los Panchos
3. Daddy Yankee
4. Romeo Santos
5. Juan Luis Guerra

a. bachata
b. merengue
c. bolero
d. reguetón
e. salsa

18 Marca los tres géneros musicales que son latinoamericanos.

☐ vals
☐ tango
☐ ranchera
☐ flamenco
☐ milonga
☐ rumba

19 Marca los tres cantantes o grupos que son latinoamericanos.

☐ Calle 13   ☐ Selena Gómez   ☐ Lana del Rey   ☐ Juanes   ☐ Christina Aguilera   ☐ Luis Fonsi

Unidad 10 Rebobinamos

Palabras

1 Lee las definiciones y elige la opción correcta.

1. Condiciones atmosféricas que caracterizan una zona.
   a. clima
   b. medioambiente
   c. temperatura

2. Extensión de agua que cubre la mayor parte de la tierra.
   a. océano
   b. mar
   c. continente

3. Periodo de cien años.
   a. ciento
   b. centenar
   c. siglo

4. Estación del año con el clima más frío.
   a. otoño
   b. invierno
   c. primavera

5. Residuos que se generan en la casa.
   a. vertedero
   b. basura
   c. reciclaje

6. Clima que no es frío ni cálido.
   a. tropical
   b. tibio
   c. templado

2 Relaciona las palabras que se usan en España con sus equivalentes en el español de América.

1. reservar	a. computadora
2. ordenador	b. *mouse*
3. móvil	c. living/sala
4. solamente	d. hacer una reservación
5. salón	e. papa
6. dormitorio	f. celular
7. patata	g. banana
8. plátano	h. film
9. ratón	i. cuarto
10. película	j. nomás

3 Marca las palabras que tienen relación con internet.

1. ☐ red social
2. ☐ descubrimiento
3. ☐ polución
4. ☐ buscador
5. ☐ etiqueta
6. ☐ residuo
7. ☐ servidor
8. ☐ tuit
9. ☐ banderola
10. ☐ contenedor

4 Fíjate en la imagen y escribe las palabras que faltan para completar las frases.

1. Entre el sofá y la tele hay una .... blanca.
2. En el .... hay una lámpara muy moderna.
3. Debajo de la tele hay un .... blanco.
4. La ventana está entre dos ....
5. Delante de la ventana hay una ....
6. Las .... son marrones y grises.
7. En la ventana, a la izquierda, hay una ....
8. Debajo de la ventana está la ....
9. Entre el sofá y el mueble hay una .... grande.
10. Debajo de la silla está el ....

5 Relaciona cada tarea doméstica con su imagen correspondiente.

> **a.** Quitar el polvo. | **b.** Pasar la aspiradora. | **c.** Cocinar. | **d.** Hacer la compra. | **e.** Fregar. | **f.** Planchar.

6 Relaciona cada palabra con su significado.

1. descubrimiento
2. reciclaje
3. contenedor
4. anuncio
5. boletín
6. reputación

a. Algo que se encuentra por primera vez y era desconocido.
b. Publicación periódica editada por una empresa.
c. Soporte en que se transmite publicidad.
d. Opinión que se tiene de alguien o de algo.
e. Lugar donde se pone la basura.
f. Utilización de un material que ya está usado.

7 Relaciona las palabras del recuadro con su icono correspondiente.

> **a.** nublado | **b.** frío | **c.** sol y nubes | **d.** este | **e.** sol
> **f.** tormenta | **g.** calor | **h.** nieve | **i.** oeste | **j.** lluvia

8 Escribe el nombre de la sección del periódico correspondiente a cada titular.

1. Mañana se juega la final de la Copa del Mundo.
   ❯ ....
2. El crecimiento de la economía será del 2 %.
   ❯ ....
3. Ayer se estrenó la última película de Almodóvar.
   ❯ ....
4. El próximo día 20 se celebran las elecciones generales. ❯ ....
5. Esta semana va a llover mucho y las temperaturas van a ser bajas. ❯ ....
6. Ayer se produjo un accidente ferroviario en Almería. ❯ ....
7. Esta mañana se ha casado la famosa actriz Maribel Verdú. ❯ ....

Gramática

9 Completa el cuadro de gramática con las palabras del recuadro.

| indefinido | específico | durativa | pasado | habituales | perfecto | presente | imperfecto | acontecimientos |

- Usamos el pretérito [1] .... para:
    a. hablar de acciones terminadas en un tiempo aún no terminado o que percibimos como [2] ....;
    b. hablar de una experiencia en general, sin indicar un tiempo [3] ....
- Usamos el pretérito [4] .... para:
    c. expresar acciones terminadas en un tiempo [5] .... que no tiene relación con el presente;
    d. hablar de hechos históricos y [6] .... del pasado.
- Usamos el pretérito [7] .... para:
    e. describir en pasado;
    f. hablar de acciones [8] .... en el pasado;
    g. referirnos a una acción no terminada, [9] ...., no terminada en el momento en que otra sucede;
    h. referirnos a las circunstancias en que sucede un hecho o una acción.

9a Fíjate en estos ejemplos y relaciónalos con los usos anteriores.

1. ☐ Cada día salía a la misma hora de casa.
2. ☐ He leído este libro varias veces.
3. ☐ La casa era pequeña y estaba lejos.
4. ☐ Cuando la llamé, estaba en el trabajo.
5. ☐ Hoy no he tenido tiempo para acabarlo.
6. ☐ Anoche fui a cenar con Raúl.
7. ☐ La Guerra Civil terminó en 1939.
8. ☐ Cuando nací, mi madre tenía 20 años.

10 Elige la opción correcta.

1. Cuando me he despertado **ha llovido/llovió/llovía**.
2. Ayer vimos una película que nos **ha encantado/encantó/encantaba**.
3. ¿No **has hablado/hablaste/hablabas** todavía con el profesor?
4. ¿Aún no **has terminado/terminaste/terminabas**?
5. El sábado Jaime no **ha salido/salió/salía** porque **ha estado/estaba/estuvo** muy cansado.
6. Anoche **he estado/estuve/estaba** esperándole una hora, pero no **ha venido/vino/venía**.
7. Esta tarde, cuando **he llegado/llegué/llegaba** a clase, ya no **quedaba/quedó/ha quedado** nadie.
8. Ana **ha estado/estuvo/estaba** muy delgada cuando **fue/era/ha sido** pequeña.

11 Clasifica los marcadores del recuadro en la tabla.

| nunca | el otro día | ya | este mes | hasta ahora | en 1997 | el martes pasado | todavía no |
| en abril | hoy | alguna vez | hace una semana | muchas veces | anteayer | el verano pasado |

Pretérito perfecto	Pretérito indefinido

12 🔊 Escucha y marca verdadero o falso.

[19]

1. Pedro se fue a la facultad con su hermana pequeña. .... V F
2. La hermana de Pedro estaba enferma. ...... V F
3. Pedro no pudo ir a clase porque tenía fiebre. .... V F
4. Los padres de Pedro tenían un día difícil en el trabajo. .... V F

5. La clase de Literatura estuvo muy bien. ...... V F
6. En clase leyeron una novela muy divertida. .... V F
7. La novela trata de un extraterrestre que busca a su pareja en Barcelona. ...... V F
8. La novela es un diario escrito por un extraterrestre. .... V F

12a 🔊 Escucha el diálogo de nuevo y completa los espacios en blanco.

[19]

Amaya: Hola, Pedro. ¿Qué hiciste ayer? ¿Por qué [1] ....?

Pedro: Me tuve que quedar en casa con mi hermana pequeña.

Amaya: ¿Y eso?

Pedro: No pudo ir al colegio [2] .... y mis padres tenían los dos un día muy complicado en el trabajo y [3] ....

Amaya: ¿Y ya se ha puesto bien tu hermana?

Pedro: Sí, mi padre la ha dejado esta mañana en el colegio.

Amaya: Pues ayer [4] .... una clase muy divertida.

Pedro: ¿Cuál?

Amaya: La de Literatura. La profe [5] .... que se titula *Sin noticas de Gurb*.

Pedro: [6] ...., pero sé que es de Eduardo Mendoza.

Amaya: Pues leímos un fragmento muy divertido. ¿Sabes de qué trata?

Pedro: No, ¿de qué?

Amaya: Es sobre un extraterrestre que [7] .... a principios de los noventa y perdió a su compañero en la ciudad. La novela es el diario que escribió [8] .... contando sus aventuras. [9] ....

Pedro: ¿Tenemos que leerlo para la clase?

Amaya: Sí, y también escribir un pequeño comentario.

12b Escribe en tu cuaderno un texto de unas cuarenta palabras para contar el argumento del último libro que has leído.

13 Completa el cuadro de gramática con las palabras que tienes a continuación.

narración	imperfecto	descripción	circunstancias	puntuales

• Los pretéritos perfecto e indefinido expresan acciones terminadas y [1] ...., por eso usamos estos tiempos para la [2] ....:

  *Ayer **llegó** tarde y hoy **ha hecho** lo mismo.*

• El pretérito [3] .... presenta la acción en un tiempo pasado, pero sin especificar el comienzo o el final de la misma; por eso es el tiempo que usamos para la [4] ...., para hablar de las [5] .... que rodean los hechos:

  *Ayer hubo muchos problemas de tráfico porque **nevaba**.*

14 Relaciona cada hecho con una circunstancia para completar las frases.

1. No pudo entrar en casa,
2. Me he levantado más tarde,
3. Ha hecho mal el examen,
4. No me habló en todo el día,
5. Me quedé en casa,
6. Nos salimos del cine a la media hora,

a. estaba muy enfadado.
b. estaba demasiado nerviosa.
c. no me sentía muy bien.
d. no encontraba las llaves.
e. la película era malísima.
f. no tenía clase.

15 Completa el texto escribiendo los verbos entre paréntesis en pretérito indefinido o imperfecto.

La puerta del salón se [1] .... (abrir) y [2] .... (empezar, nosotros) a cantar nuestro *Cumpleaños feliz*. Lo [3] .... (hacer, nosotros) muy bien, [4] .... (tener, tú) que haber visto la cara que [5] .... (poner) mi abuelo cuando [6] .... (ver) que España entera [7] .... (estar) en el salón de mi casa. Detrás de él, [8] .... (entrar) don Ezequiel con una bandeja de gambas y todo el mundo lo [9] .... (recibir) con un gran aplauso. Creo que la bandeja no [10] .... (durar) ni un segundo. Los abuelos se [11] .... (comer) las gambas con cáscara. La gente [12] .... (empezar) a sacar los regalos. El regalo del abuelo de Yihad [13] .... (ser) una bufanda a cuadros que a mi abuelo le [14] .... (encantar); los otros abuelos le [15] .... (regalar) dos bufandas, una negra y otra verde, que a mi abuelo le [16] .... (parecer) preciosas; Luisa le [17] .... (dar) una bufanda *made in* Italia que [18] .... (ser) muy elegante; mi madre le [19] .... (regalar) un *foulard*, que es como una bufanda, pero de tela, "así va a parecer usted más joven", y todo el mundo [20] .... (estar) de acuerdo en que el abuelo [21] .... (parecer) diez años más joven.

Adaptado de *Manolito Gafotas*, Elvira Lindo

16 Fíjate en las imágenes y escribe una historia en pasado. Recuerda que debes describir y narrar.

....
....
....

17 Marca los aspectos de la expresión escrita que te preocupan más cuando escribes en español.

☐ Los signos de puntuación.
☐ El uso de los tiempos verbales.
☐ El vocabulario.
☐ La construcción de las frases.
☐ La estructura del texto.
☐ Las normas de ortografía.

Cultura

18 Fíjate en las imágenes y completa los nombres.

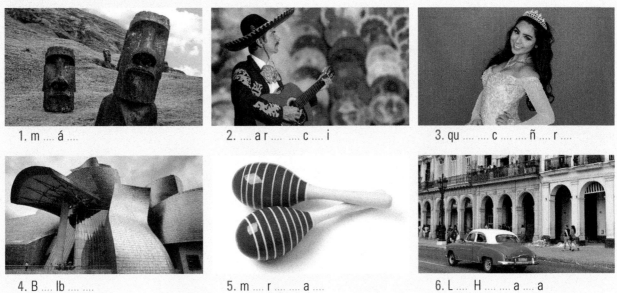

1. m.....á.....

2. ...a r.......c....i

3. qu.......c....ñ....r.....

4. B....lb.........

5. m....r........a....

6. L.... H........a....a

19 Escucha y escribe el número de cada país donde corresponda.

[20]

☐ México ☐ Colombia ☐ Uruguay
☐ Venezuela ☐ Perú ☐ Argentina
☐ Chile ☐ Cuba

20 Marca las cuatro comunidades españolas que aparecen entre los siguientes nombres.

☐ Galicia ☐ Granada
☐ Toledo ☐ Andalucía
☐ Lanzarote ☐ Extremadura
☐ País Vasco ☐ Mallorca

20a Dos de las comunidades de la actividad anterior tienen una lengua propia. Indica cuáles y escribe el nombre de sus lenguas.

....

....

20b Además de esas dos lenguas, hay otras dos que tienen carácter oficial en España. Escribe sus nombres.

....

....

Apéndices

Gramática y comunicación

Hablar del tiempo atmosférico

- Para **describir el tiempo atmosférico** podemos usar:
  - **Hace** calor, sol, frío, aire/viento, fresco…
  - **Llueve./Está** lloviendo.
  - **Nieva./Está** nevando.

    Los verbos *llover* y *nevar* solo se usan con el verbo en **tercera persona del singular**.
  - **Hay** nieve, tormenta, niebla, relámpagos, nubes…
  - **Está** nublado, despejado, soleado…
  - **La temperatura es** alta, baja/**Estamos a** X grados (centígrados).

- Se puede hablar del tiempo de manera general con las expresiones *hace buen tiempo* (si hace sol o calor) y *hace mal tiempo* (si llueve o hace frío).

- Para hablar de las características del **clima** o el **tiempo** de un lugar, una estación o un mes del año, puedes usar estos adjetivos:
  - Relacionados con el **tipo de clima**: mediterráneo, oceánico, continental…
  - Relacionados con la **temperatura**: frío/a, templado/a, cálido/a, suave, duro/a, extremo/a…
  - Relacionados con la **lluvia**: húmedo/a, seco/a.

    *La primavera en Madrid es muy **húmeda**.*　　　*En Valencia hay clima **mediterráneo**.*

    *Agosto en Sevilla es muy **cálido**.*　　　*La temperatura en septiembre es **templada**.*

Pretérito imperfecto de indicativo: forma y usos

- El **pretérito imperfecto** tiene dos terminaciones distintas, una para los verbos que terminan en *-ar* y otra para los que terminan en *-er* e *-ir*:

	Hablar	Leer	Escribir
yo	hablaba	leía	escribía
tú	hablabas	leías	escribías
él, ella, usted	hablaba	leía	escribía
nosotros/as	hablábamos	leíamos	escribíamos
vosotros/as	hablabais	leíais	escribíais
ellos, ellas, ustedes	hablaban	leían	escribían

- Este tiempo solo tiene **tres verbos irregulares**:

Ser	Ir	Ver
era	iba	veía
eras	ibas	veías
era	iba	veía
éramos	íbamos	veíamos
erais	ibais	veíais
eran	iban	veían

- El **pretérito imperfecto** es un tiempo del pasado que se usa para:
  - **Describir** en pasado:

    *La clase **era** grande. La profesora **se llamaba** Inés y **era** chilena.*
  - Hablar de **acciones habituales** en el pasado:

    *Me **levantaba** a las ocho, **salía** a las nueve y **cogía** el autobús.*
  - Hablar de una **acción** en pasado **interrumpida** por otra acción en pasado:

    ***Veía** una película cuando me llamaste.* (La acción de *ver* es interrumpida por la acción de *llamar*).
  - El imperfecto se usa también para pedir algo con **cortesía**. En este caso, el imperfecto es presente:

    ▶ ***Quería** pedirte un favor…*　　▷ *Dime. Si puedo ayudarte, lo haré.*

Contraste de los tiempos del pasado

- El **pretérito imperfecto** presenta la acción en un tiempo pasado, pero **sin especificar el comienzo o el final** de la misma:

  Estaba lloviendo.

  Por esta razón el imperfecto es el tiempo que usamos para la **descripción**, para hablar de las **circunstancias** que rodean a los **hechos o acciones**:

  Estaba lloviendo y por eso me quedé/he quedado en casa.

- Los hechos o acciones se expresan en **pretérito perfecto** si son hechos o acciones terminados en relación con el presente, o en **pretérito indefinido** si son hechos o acciones terminados en relación con el pasado:

  Era medianoche y llovía mucho. La calle estaba oscura y había poco tráfico. De repente, un coche se detuvo, la ventanilla del conductor se abrió y vi que era Luisa, una compañera de la universidad. Desde aquella noche no nos hemos separado y hemos vivido momentos muy felices.

- El **pretérito imperfecto** también se usa para hablar de acciones **habituales** del pasado sin indicar su final:

  De pequeña iba al parque todas las tardes y jugaba con mis amigos.

Posesivos pospuestos

- Los posesivos **pospuestos** concuerdan en género y número con la cosa o persona poseída. Estas son sus formas:

	Singular		Plural		
	Masculino	**Femenino**	**Masculino**	**Femenino**	
Un poseedor	mío	mía	míos	mías	(yo)
	tuyo	tuya	tuyos	tuyas	(tú)
	suyo	suya	suyos	suyas	(él, ella, usted)
Varios poseedores	nuestro	nuestra	nuestros	nuestras	(nosotros/as)
	vuestro	vuestra	vuestros	vuestras	(vosotros/as)
	suyo	suya	suyos	suyas	(ellos, ellas, ustedes)

- Estos posesivos, a diferencia de los antepuestos *(mi, tu, su...)*, pueden acompañar al nombre o aparecer sin él cuando este es conocido. Este último es su uso más frecuente:

  ▶ *Es un error tuyo.*　　　　　　　　　*Ese es mi bolso. El tuyo está en el armario.*

  ▷ *¿Mío?*

  ▶ *Sí, tuyo.*

Marcadores temporales: *antes, después, mientras, siempre* y *cuando*

Estos **marcadores temporales** son un recurso fundamental de la narración porque **relacionan dos acciones** y permiten saber en qué momento ocurre cada una de ellas.

- *Antes* se usa para indicar una acción que **precede** a otra u otras:

  Juan ha llegado antes, luego he venido yo.

- *Después* sirve para expresar **posterioridad**, equivale a *más tarde, luego*:

  Ayer comí y después me fui a clase.

- *Mientras* se utiliza para hablar de acciones **simultáneas**:

  Mientras cenábamos, vimos las noticias.

- *Siempre*, que significa 'en todo o cualquier tiempo', se usa para hablar de **hábitos**:

  Siempre se duchaba antes de acostarse.

- *Cuando* sirve para indicar el tiempo en el que **ocurre algo**:

  Cuando nací, mi madre tenía 27 años.

Recursos para introducir una anécdota y reaccionar (repaso)

Recursos para **introducir** una anécdota:
- ¿Sabes qué me pasó/ha pasado…?
- ¿A que no sabes qué me pasó/ha pasado…?

Mostrar **interés**:
- ¿Y qué pasó/ha pasado después?
- Sigue, sigue…/Cuenta, cuenta…

Expresar **sorpresa** o **incredulidad**:
- ¿Ah, sí?
- ¡No me lo puedo creer!
- ¡Qué me dices!
- ¿De verdad?

Unidad 7: Dentro de 50 años

Futuro simple

- El **futuro simple** se forma con el infinitivo y las siguientes terminaciones:

	Estudiar	Beber	Vivir
yo	estudiaré	beberé	viviré
tú	estudiarás	beberás	vivirás
él, ella, usted	estudiará	beberá	vivirá
nosotros/as	estudiaremos	beberemos	viviremos
vosotros/as	estudiaréis	beberéis	viviréis
ellos, ellas, ustedes	estudiarán	beberán	vivirán

- En este tiempo verbal solo hay doce verbos irregulares:

caber > **cabré**	saber > **sabré**	valer > **valdré**
haber > **habré**	poner > **pondré**	venir > **vendré**
poder > **podré**	salir > **saldré**	decir > **diré**
querer > **querré**	tener > **tendré**	hacer > **haré**

- Utilizamos el **futuro simple** para hablar de **acciones** y **planes** que se van a realizar en el **futuro**:

    *La próxima semana **iré** a Santiago de Chile.*

- También sirve para hacer **predicciones** y para hacer **promesas** con *te prometo/juro + que*:

    *El próximo verano **será** muy caluroso.*   *Te prometo que te **llamaré** lo antes posible.*

 Fíjate:
Las terminaciones son las mismas para las tres conjugaciones, incluidos los verbos irregulares.

- Este tiempo se usa también para hacer **suposiciones** o **hipótesis** referidas al presente:

    ▶ *¿Por qué no ha venido Pedro?*
    ▷ *Es que está enfermo.* (Lo sé).
    ▶ *No sé; **estará** enfermo.* (Lo supongo).

En este caso, el futuro equivale al presente.

Marcadores temporales de futuro

Estos son algunos de los marcadores temporales de futuro más comunes:

- **esta** tarde/noche/semana
- **este** mes/año
- **en**...
- la semana **próxima**
- el mes/año **próximo**
- la semana/el mes/el año **que viene**
- **dentro de**...
- **desde/a partir de**...

El año que viene/próximo será un gran año.

Esta tarde iré al cine.

Este año compraremos un coche nuevo.

A partir de mañana estará de vacaciones.

Dentro de dos años viajaremos a África.

En agosto nos cambiaremos de piso.

Fíjate:

Con el demostrativo *(esta tarde, este mes)* podemos referirnos al pasado o al futuro:

*Esta tarde **iré** al cine.*   *Esta tarde **he ido** al cine.*

Hablar del futuro

Además del futuro, recuerda que se pueden usar también estas otras estructuras para referirte a acciones que todavía no han sucedido:

- **Presente** de indicativo

    *Mañana **voy** a la universidad.*

- *Ir + a* + infinitivo

    *El mes que viene **voy a** viajar a París.*

- *Pensar/Querer* + infinitivo

    *A partir de mañana **quiero/pienso** cambiar mis hábitos de consumo.*

Con *pensar/querer* + infinitivo se expresa una **intención**, un **deseo**, y puede no producirse la acción.

La primera condicional

- Para hablar de acciones futuras que dependen de una **condición** se usa la estructura *si* + presente de indicativo + futuro simple:

    Si tengo tiempo, te llamaré.

- También es posible usar el presente de indicativo en la segunda parte de la frase para dar la idea de **inmediatez** o para expresar un **hábito** o **costumbre**:

    *Si tengo tiempo, te **llamo**, no te preocupes.* (Inmediatez).

    *Si salgo pronto del trabajo, **voy** al gimnasio.* (Hábito o costumbre).

Hacer predicciones

Seguramente
Probablemente
Posiblemente
Creo que
Me imagino que
Seguro que
Supongo que

+ futuro simple

Seguro que en 50 años habrá menos enfermedades.

Imperativo afirmativo y negativo

- **Imperativo afirmativo regular**:

	Hablar	Beber	Vivir
tú	habla	bebe	vive
usted	hable	beba	viva
vosotros/as	hablad	bebed	vivid
ustedes	hablen	beban	vivan

- El **imperativo afirmativo irregular** mantiene las irregularidades vocálicas del presente de indicativo:

  e ⟩ ie: piensa, piense, pensad, piensen
  o ⟩ ue: cuelga, cuelgue, colgad, cuelguen
  u ⟩ ue: juega, juegue, jugad, jueguen

  e ⟩ i: pide, pida, pedid, pidan
  i ⟩ y: huye, huya, huid, huyan

- Otros irregulares:

sé, **sea**, sed, **sean**	**pon**, **ponga**, poned, **pongan**	**ve**, **vaya**, id, **vayan**
ten, **tenga**, tened, **tengan**	**sal**, **salga**, salid, **salgan**	**di**, **diga**, decid, **digan**
haz, **haga**, haced, **hagan**	**ven**, **venga**, venid, **vengan**	**oye**, **oiga**, oíd, **oigan**

- El **imperativo negativo** se forma a partir de la forma *usted* del afirmativo añadiendo *-s* para *tú* e *-is* para *vosotros/as*:

	Hablar	Beber	Vivir
tú	no hables	no bebas	no vivas
usted	no hable	no beba	no viva
vosotros/as	no habléis	no bebáis	no viváis
ustedes	no hablen	no beban	no vivan

- El **imperativo negativo irregular** tiene, por regla general, las mismas irregularidades que la forma *usted* del imperativo afirmativo:

Empezar	Dormir	Pedir	Tener	Salir	Decir
no emp**ie**ces	no d**ue**rmas	no p**i**das	no **tenga**s	no **salga**s	no **diga**s
no emp**ie**ce	no d**ue**rma	no p**i**da	no **tenga**	no **salga**	no **diga**
no empecéis	no durmáis	no pidáis	no **tengáis**	no **salgáis**	no digáis
no emp**ie**cen	no d**ue**rman	no p**i**dan	no **tengan**	no **salgan**	no **digan**

  – Los verbos en e ⟩ ie, o ⟩ ue son regulares en vosotros/as: *no empecéis, no volváis…*
  – Los verbos en e ⟩ ie terminados en *-ir* (*divertirse, sentir…*) cambian e ⟩ i en *vosotros/as*: *no pidáis, no sintáis…*
  – Los verbos *dormir* y *morir* cambian o ⟩ u en *vosotros/as*: *durmáis, muráis*.

- Algunos verbos tanto regulares como irregulares cambian su ortografía para conservar el sonido del infinitivo, pero este cambio no se considera una irregularidad: *no apagues, practique, no cojas, realice…*

RAE GRAMÁTICA
- En el español de América, tú y vos alternan en el imperativo negativo según las zonas geográficas: *(tú) no cantes/(vos) no cantés, (tú) no comas/(vos) no comás, (tú) no partas/(vos) no partás…*
- La forma voseante del imperativo negativo, tanto regular como irregular, se forma a partir de la persona *vosotros/as* del imperativo negativo que acabas de estudiar, suprimiendo la *i* de la terminación: *no cantéis ⟩ no cantés; no seáis ⟩ no seás; no tengáis ⟩ no tengás; no durmáis ⟩ no durmás…*
  No empecés vos ahora con tu melancolía, que bastante bien te va yendo en la vida.

Imperativo y pronombres

- En el imperativo **afirmativo** los pronombres van después del verbo y forman una sola palabra con él *(ábrela, levántese)*.
  - Cuando hay dos pronombres, uno de objeto directo y otro de objeto indirecto, el orden es imperativo + pronombre de OI + pronombre de OD: *dímelo*.
  - Como ocurre con otras formas verbales, si el objeto indirecto es de tercera persona *(le, les)* y coincide con un objeto directo *(lo, la, los, las)*, *le*, *les* se sustituyen por *se*: *díselo*.
  - Con el pronombre *os*, la *-d* del imperativo afirmativo de 2.ª persona del plural desaparece:
    Lava~~d~~os las manos. ❯ *Lavaos las manos.*
- En el imperativo **negativo** los pronombres se colocan delante del verbo, igual que ocurre con otros tiempos verbales:
  No lo comas.   *No os acostéis tan tarde.*   *No se lo deis.*

Expresar obligación y posibilidad o capacidad

- Para expresar **obligación** se utilizan las siguientes estructuras:
  - *Deber* + infinitivo
    El título de un anuncio debe ser breve y conciso.
  - *Tener que* + infinitivo
    Los anuncios tienen que tener un diseño llamativo y un banner muy visual.
- Para expresar posibilidad se usa *poder* + infinitivo:
  Con internet se puede llegar a un mayor número de personas por poco dinero.

Dar consejos, instrucciones y órdenes

- Para dar **consejos** e **instrucciones** es muy frecuente el uso del imperativo:
  Leed bien los enunciados del examen antes de contestar. Así evitaréis errores.
  Disfrutad. ¡Estáis de vacaciones!
  Sigue recto y coge el metro en plaza de España.
- Para dar **órdenes** se usa el imperativo en situaciones familiares o donde hay confianza. También se puede usar en otros contextos, pero acompañado de palabras como *por favor, si no te importa, si no es molestia*, etc., para no ser descorteses:
  No entres en la cocina. El suelo está mojado.
  Mario, por favor, si no te importa, tráeme el informe del Sr. Ávalos.
- En las órdenes generales y letreros dirigidos a un interlocutor desconocido, también puede usarse el imperativo:
  Conduzca con precaución.
  Tengan cuidado con el escalón.

Pedir permiso y formular peticiones

Para **pedir permiso** y **formular peticiones**, puedes usar:

- ¿*Poder* + infinitivo?
  ¿Puedo pasar?
  ¿Podemos salir antes del trabajo?
- Imperativo
  Ayúdame a terminar este trabajo, por favor.
  Comprad el pan antes de volver a casa.

Conceder permiso

Para **conceder permiso** y **responder afirmativamente** a una petición, puedes usar:

- *Sí, sí,/Claro que sí,/Desde luego,/Por supuesto,* + imperativo
  ▶ *¿Puedo entrar?*   ▷ *Por supuesto, pasa.*
- Imperativo **repetido**
  Sí, pasa, pasa.

Presente de subjuntivo regular e irregular

El **presente de subjuntivo regular** tiene las siguientes terminaciones:

	Trabajar	Comer	Escribir
yo	trabaje	coma	escriba
tú	trabajes	comas	escribas
él, ella, usted	trabaje	coma	escriba
nosotros/as	trabajemos	comamos	escribamos
vosotros/as	trabajéis	comáis	escribáis
ellos, ellas, ustedes	trabajen	coman	escriban

 Fíjate:
* Los verbos en *-er* e *-ir* tienen las mismas terminaciones.

* Las formas irregulares en presente de subjuntivo se construyen a partir de las formas irregulares en presente de indicativo con algunos cambios.

* Verbos con **irregularidad vocálica**:

e › ie Pensar	o › ue Encontrar	e › i Pedir
piense	encuentre	pida
pienses	encuentres	pidas
piense	encuentre	pida
pensemos	encontremos	pidamos
penséis	encontréis	pidáis
piensen	encuentren	pidan

 Fíjate:
* Los verbos que cambian *e › i* son irregulares en **todas las personas** en presente de subjuntivo.
* Los verbos *morir* y *dormir*, además del cambio *o › ue*, cambian *o › u* en las personas *nosotros/as* y *vosotros/as*: *du*ramos, *du*rmáis; *mu*ramos, *mu*ráis.

* Los verbos que tienen irregular la **persona *yo*** del presente de indicativo también son irregulares en presente de subjuntivo, pero en todas las personas: hacer › **hago** › **haga, hagas, haga, hagamos, hagáis, hagan**.

  — Otros verbos: construir › **construya**; poner › **ponga**; caer › **caiga**; conducir › **conduzca**...

* Algunos verbos tienen una **irregularidad propia** en este tiempo:

Estar › **esté, estés, esté, estemos, estéis, estén**

Haber › **haya, hayas, haya, hayamos, hayáis, hayan**

Saber › **sepa, sepas, sepa, sepamos, sepáis, sepan**

Ser › **sea, seas, sea, seamos, seáis, sean**

Ir › **vaya, vayas, vaya, vayamos, vayáis, vayan**

Ver › **vea, veas, vea, veamos, veáis, vean**

 Fíjate:
Hay formas verbales, tanto regulares como irregulares, que sufren cambios ortográficos para conservar el sonido del verbo en infinitivo: *se*g*uir › si*g*a; co*c*er › cue*z*a; reco*g*er › reco*j*a; bus*c*ar › bus*qu*e...

Usos básicos del subjuntivo

* El subjuntivo se usa en estructuras que sirven para:
  — Dar **consejos** y hacer **recomendaciones**: *Te aconsejo que veas esa película.*
  — Expresar **permiso** y **prohibición**: *Te prohíbo que salgas de casa.*
  — Expresar **deseos** y hacer **peticiones**: *Espero que mañana haga mejor tiempo.*
      Quiero que vayamos a la sierra este fin de semana.

* En los verbos que expresan consejo, recomendación, prohibición o permiso hay dos estructuras que se usan indistintamente:
      Te aconsejo que vayas al médico. = Te aconsejo ir al médico.
      Os prohíbo que salgáis de noche. = Os prohíbo salir de noche.

* En los verbos que expresan deseos o peticiones, si el sujeto del verbo principal es el mismo que el del segundo verbo, se usa infinitivo:
      Quiero (yo) que vayamos (nosotros) a la sierra.   *Quiero (yo) ir (yo) a la sierra.*

Expresar hipótesis o probabilidad

- **Quizá(s)**
  Juan no ha llegado aún; quizá se ha dormido.

- **Es probable/posible**
  ► *Esta tarde va a llover.*
  ▷ *Sí, es probable.*

- **Puede ser**
  ► *¿Irás luego a la biblioteca?*
  ▷ *Sí, puede ser.*

Organizar el discurso

Recuerda que estas palabras y expresiones ayudan a organizar los argumentos y las acciones que dan forma a un discurso:

- **Introducir** un primer argumento: *para empezar, en primer lugar, antes de nada...*
- **Añadir** argumentos: *por otro lado, también, tampoco, además...*
- **Concluir** la argumentación: *por último, para terminar, en último lugar...*

Unidad 10: Rebobinamos

Usos de pretérito perfecto, pretérito indefinido y pretérito imperfecto (repaso)

- Usamos el **pretérito perfecto** para:
  - Hablar de **acciones terminadas** en un **tiempo aún no terminado** o que percibimos como presente:
    Esta semana he ido a la playa.
    Hoy he tenido un mal día.
  - Hablar de una **experiencia** en general, sin una idea de tiempo:
    ¿Has estado alguna vez en Argentina?
    Nunca he comido paella.

- Usamos el **pretérito indefinido** para:
  - Expresar **acciones terminadas** en un **tiempo pasado** que no tiene relación con el presente:
    El año pasado viajé a México.
  - Dar información sobre la **vida** de una persona:
    Ana nació en Sevilla en 2005.
  - Hablar de **hechos históricos** y acontecimientos del pasado:
    La guerra civil española terminó en el año 1939.

- Usamos el **pretérito imperfecto** para:
  - **Describir** en pasado:
    La casa era muy bonita y tenía un jardín muy grande con piscina.
  - Hablar de **acciones habituales** en el pasado:
    Iba al gimnasio todos los días y después quedaba con mis amigos.
  - Referirnos a una **acción** no terminada, **durativa**, en el momento en que otra sucede:
    Hablaba con María cuando sonó el teléfono.

Contraste pretérito perfecto/pretérito indefinido/pretérito imperfecto (repaso)

- Los **pretéritos perfecto e indefinido** expresan **acciones terminadas**. El perfecto lo hace en relación con el presente y el indefinido, con el pasado. Usamos estos tiempos para la **narración**.

- El **pretérito imperfecto** presenta la acción en un tiempo pasado, pero sin especificar su comienzo o su final. Por eso el imperfecto es el tiempo que usamos para la **descripción**, para hablar de las **circunstancias** que rodean los hechos. Puede usarse junto al perfecto o al indefinido:

  > *Hoy he comido unas croquetas que estaban buenísimas.*
  > *Ayer comí unas croquetas que estaban buenísimas.*

Marcadores temporales: *antes, después, mientras, siempre* y *cuando* (repaso)

- Recuerda que estos **marcadores temporales** son un recurso fundamental de la narración porque permiten **relacionar las acciones** y saber en qué momento ocurre cada acción:

  > *Juan ha llegado **antes**, luego he venido yo.*
  > *Ayer comí y **después** me fui a clase.*
  > ***Mientras** cenábamos, vimos las noticias.*

  > ***Siempre** se duchaba antes de acostarse.*
  > ***Cuando** nací, mi madre tenía 27 años.*

Contar una anécdota (repaso)

- Una anécdota es un **relato breve** sobre algún acontecimiento **curioso** o **divertido**.
- En la conversación es frecuente introducir la anécdota con expresiones como:
  - **¿Sabes lo que me pasó** ayer/el lunes/el otro día/cuando llegué a…?
  - **Te voy a contar una cosa** que me pasó ayer/el lunes/el otro día/cuando llegué a…
  - **Pues resulta que** ayer/el lunes/el otro día/cuando llegué a…
- El interlocutor contesta con:
  - **¿Qué te pasó?**
  - **Cuenta, cuenta.**
- Y reacciona a lo largo del relato con expresiones como:
  - **¡Qué bien/mal/(buena) suerte/mala suerte…!**
  - **¡No me digas!**
  - **¡Es increíble!**

 Recuerda que en español es necesario ir reaccionando ante lo que narra el interlocutor. El silencio absoluto se interpreta como falta de interés.

Tabla de verbos

Verbos regulares

1.ª conjugación -AR CANTAR	2.ª conjugación -ER COMER	3.ª conjugación -IR VIVIR
canto	como	vivo
cantas	comes	vives
canta	come	vive
cantamos	comemos	vivimos
cantáis	coméis	vivís
cantan	comen	viven

Verbos reflexivos regulares

Bañarse	Ducharse	Lavarse	Levantarse	Peinarse
me baño	me ducho	me lavo	me levanto	me peino
te bañas	te duchas	te lavas	te levantas	te peinas
se baña	se ducha	se lava	se levanta	se peina
nos bañamos	nos duchamos	nos lavamos	nos levantamos	nos peinamos
os bañáis	os ducháis	os laváis	os levantáis	os peináis
se bañan	se duchan	se lavan	se levantan	se peinan

Verbos irregulares

Verbos con irregularidad vocálica

• E › IE

Cerrar	Comenzar	Despertarse	Divertirse	Empezar
cierro	comienzo	me despierto	me divierto	empiezo
cierras	comienzas	te despiertas	te diviertes	empiezas
cierra	comienza	se despierta	se divierte	empieza
cerramos	comenzamos	nos despertamos	nos divertimos	empezamos
cerráis	comenzáis	os despertáis	os divertís	empezáis
cierran	comienzan	se despiertan	se divierten	empiezan

Entender	Merendar	Pensar	Perder	Querer
entiendo	meriendo	pienso	pierdo	quiero
entiendes	meriendas	piensas	pierdes	quieres
entiende	merienda	piensa	pierde	quiere
entendemos	merendamos	pensamos	perdemos	queremos
entendéis	merendáis	pensáis	perdéis	queréis
entienden	meriendan	piensan	pierden	quieren

• O › UE

Acordarse	Acostarse	Almorzar	Contar	Dormir	Encontrar
me acuerdo	me acuesto	almuerzo	cuento	duermo	encuentro
te acuerdas	te acuestas	almuerzas	cuentas	duermes	encuentras
se acuerda	se acuesta	almuerza	cuenta	duerme	encuentra
nos acordamos	nos acostamos	almorzamos	contamos	dormimos	encontramos
os acordáis	os acostáis	almorzáis	contáis	dormís	encontráis
se acuerdan	se acuestan	almuerzan	cuentan	duermen	encuentran

Poder	Recordar	Resolver	Soler	Soñar	Volver
puedo	recuerdo	resuelvo	suelo	sueño	vuelvo
puedes	recuerdas	resuelves	sueles	sueñas	vuelves
puede	recuerda	resuelve	suele	sueña	vuelve
podemos	recordamos	resolvemos	solemos	soñamos	volvemos
podéis	recordáis	resolvéis	soléis	soñáis	volvéis
pueden	recuerdan	resuelven	suelen	sueñan	vuelven

• E › I

Elegir	Pedir	Reírse	Repetir	Servir	Vestirse
elijo	pido	me río	repito	sirvo	me visto
eliges	pides	te ríes	repites	sirves	te vistes
elige	pide	se ríe	repite	sirve	se viste
elegimos	pedimos	nos reímos	repetimos	servimos	nos vestimos
elegís	pedís	os reís	repetís	servís	os vestís
eligen	piden	se ríen	repiten	sirven	se visten

• U › UE   • I › Y

Jugar	Concluir	Construir	Contribuir	Destruir	Huir
juego	concluyo	construyo	contribuyo	destruyo	huyo
juegas	concluyes	construyes	contribuyes	destruyes	huyes
juega	concluye	construye	contribuye	destruye	huye
jugamos	concluimos	construimos	contribuimos	destruimos	huimos
jugáis	concluís	construís	contribuís	destruís	huis
juegan	concluyen	construyen	contribuyen	destruyen	huyen

Verbos irregulares en la primera persona

• **Verbos en -ZC-**

Conducir	Conocer	Obedecer	Producir	Traducir
condu**zco**	cono**zco**	obede**zco**	produ**zco**	tradu**zco**
conduces	conoces	obedeces	produces	traduces
conduce	conoce	obedece	produce	traduce
conducimos	conocemos	obedecemos	producimos	traducimos
conducís	conocéis	obedecéis	producís	traducís
conducen	conocen	obedecen	producen	traducen

Otros verbos irregulares en la primera persona

Caer	Dar	Hacer	Poner	Saber	Salir
caigo	**doy**	**hago**	**pongo**	**sé**	**salgo**
caes	das	haces	pones	sabes	sales
cae	da	hace	pone	sabe	sale
caemos	damos	hacemos	ponemos	sabemos	salimos
caéis	dais	hacéis	ponéis	sabéis	salís
caen	dan	hacen	ponen	saben	salen

Traer	Valer	Ver
traigo	**valgo**	**veo**
traes	vales	ves
trae	vale	ve
traemos	valemos	vemos
traéis	valéis	veis
traen	valen	ven

Verbos con dos irregularidades

Decir	Oír	Oler	Tener	Venir
digo	**oigo**	**hue**lo	**tengo**	**vengo**
dices	oyes	**hue**les	tienes	vienes
dice	oye	**hue**le	tiene	viene
decimos	oímos	olemos	tenemos	venimos
decís	oís	oléis	tenéis	venís
dicen	oyen	**hue**len	tienen	vienen

Verbos con irregularidades propias

Estar	Haber	Ir	Ser
estoy	**he**	**voy**	**soy**
estás	**has**	**vas**	**eres**
está	**ha**	**va**	**es**
estamos	**hemos**	**vamos**	**somos**
estáis	habéis	**vais**	sois
están	**han**	**van**	**son**

> Recuerda:
> - El verbo *haber* se usa principalmente para formar los tiempos compuestos de los verbos.
> - Cuando funciona como verbo impersonal, tiene una forma especial en presente, *hay*:
>   *Hay* un árbol en la esquina.
>   *Había* árboles en el parque.
> - El verbo *estar* cambia la sílaba tónica habitual del presente de indicativo en todas las personas excepto en *nosotros/as* y *vosotros/as* (por eso algunas formas llevan tilde).

Verbos que se construyen como *gustar*

Doler	Encantar	Molestar	Parecer
me d**ue**le/d**ue**len	me encanta/encantan	me molesta/molestan	me parece/parecen
te d**ue**le/d**ue**len	te encanta/encantan	te molesta/molestan	te parece/parecen
le d**ue**le/d**ue**len	le encanta/encantan	le molesta/molestan	le parece/parecen
nos d**ue**le/d**ue**len	nos encanta/encantan	nos molesta/molestan	nos parece/parecen
os d**ue**le/d**ue**len	os encanta/encantan	os molesta/molestan	os parece/parecen
les d**ue**le/d**ue**len	les encanta/encantan	les molesta/molestan	les parece/parecen

Imperativo afirmativo

Verbos regulares

	1.ª conjugación -AR CANTAR	2.ª conjugación -ER COMER	3.ª conjugación -IR VIVIR
tú	canta	come	vive
usted	cante	coma	viva
vosotros/as	cantad	comed	vivid
ustedes	canten	coman	vivan

Verbos irregulares

Irregularidades vocálicas

- E › IE

Cerrar	Empezar	Pensar
c**ie**rra	emp**ie**za	p**ie**nsa
c**ie**rre	emp**ie**ce	p**ie**nse
cerrad	empezad	pensad
c**ie**rren	emp**ie**cen	p**ie**nsen

- O › UE

Contar	Dormir	Volver
c**ue**nta	d**ue**rme	v**ue**lve
c**ue**nte	d**ue**rma	v**ue**lva
contad	dormid	volved
c**ue**nten	d**ue**rman	v**ue**lvan

• U › UE

Jugar
juega
juegue
jugad
jueguen

• E › I

Elegir	Pedir	Vestir
el**i**ge	p**i**de	v**i**ste
el**i**ja	p**i**da	v**i**sta
elegid	pedid	vestid
el**i**jan	p**i**dan	v**i**stan

• I › Y

Construir	Huir
constru**y**e	hu**y**e
constru**y**a	hu**y**a
construid	huid
constru**y**an	hu**y**an

Verbos completamente irregulares

Decir	Hacer	Ir	Oír	Poner	Salir	Ser	Tener	Venir
di	**haz**	**ve**	**oye**	**pon**	**sal**	**sé**	**ten**	**ven**
diga	**haga**	**vaya**	**oiga**	**ponga**	**salga**	**sea**	**tenga**	**venga**
decid	haced	id	oíd	poned	salid	sed	tened	venid
digan	**hagan**	**vayan**	**oigan**	**pongan**	**salgan**	**sean**	**tengan**	**vengan**

 La segunda persona del plural *(vosotros/as)* del imperativo es siempre regular.

Verbos reflexivos

Acostarse	Despertarse	Dormirse	Levantarse	Reírse	Vestirse
ac**ué**sta**te**	desp**ié**rta**te**	d**ué**rme**te**	lev**á**nta**te**	r**í**e**te**	v**í**ste**te**
ac**ué**ste**se**	desp**ié**rte**se**	d**ué**rma**se**	lev**á**nte**se**	r**í**a**se**	v**í**sta**se**
acosta**os**	desperta**os**	dorm**í**os	levanta**os**	re**í**os	vest**í**os
ac**ué**sten**se**	desp**ié**rten**se**	d**ué**rman**se**	lev**á**nten**se**	r**í**an**se**	v**í**stan**se**

Pretérito perfecto de indicativo

Verbos regulares

1.ª conjugación -AR CANTAR	2.ª conjugación -ER COMER	3.ª conjugación -IR VIVIR
he cantado	**he** comido	**he** vivido
has cantado	**has** comido	**has** vivido
ha cantado	**ha** comido	**ha** vivido
hemos cantado	**hemos** comido	**hemos** vivido
habéis cantado	**habéis** comido	**habéis** vivido
han cantado	**han** comido	**han** vivido

Participios irregulares

abrir › **abierto**	escribir › **escrito**	poner › **puesto**	romper › **roto**
cubrir › **cubierto**	hacer › **hecho**	prever › **previsto**	satisfacer › **satisfecho**
decir › **dicho**	imprimir › **impreso, imprimido**	resolver › **resuelto**	ver › **visto**
descubrir › **descubierto**	morir › **muerto**	revolver › **revuelto**	volver › **vuelto**

Verbos regulares

	1.ª conjugación -AR CANTAR	2.ª conjugación -ER COMER	3.ª conjugación -IR VIVIR
	canté	comí	viví
	cantaste	comiste	viviste
	cantó	comió	vivió
	cantamos	comimos	vivimos
	cantasteis	comisteis	vivisteis
	cantaron	comieron	vivieron

Verbos con cambios gráficos

• C › QU

Buscar	Pescar
bus**qu**é	pes**qu**é
buscaste	pescaste
buscó	pescó
buscamos	pescamos
buscasteis	pescasteis
buscaron	pescaron

• G › GU

Jugar	Pegar
ju**gu**é	pe**gu**é
jugaste	pegaste
jugó	pegó
jugamos	pegamos
jugasteis	pegasteis
jugaron	pegaron

• Z › C

Comenzar	Empezar
comen**c**é	empe**c**é
comenzaste	empezaste
comenzó	empezó
comenzamos	empezamos
comenzasteis	empezasteis
comenzaron	empezaron

Verbos irregulares

Verbos irregulares en la raíz verbal

Andar	Caber	Estar	Haber	Hacer	Poder
anduve	cupe	estuve	hube	hice	pude
anduviste	cupiste	estuviste	hubiste	hiciste	pudiste
anduvo	cupo	estuvo	hubo	hizo	pudo
anduvimos	cupimos	estuvimos	hubimos	hicimos	pudimos
anduvisteis	cupisteis	estuvisteis	hubisteis	hicisteis	pudisteis
anduvieron	cupieron	estuvieron	hubieron	hicieron	pudieron

Poner	Querer	Saber	Tener	Venir
puse	quise	supe	tuve	vine
pusiste	quisiste	supiste	tuviste	viniste
puso	quiso	supo	tuvo	vino
pusimos	quisimos	supimos	tuvimos	vinimos
pusisteis	quisisteis	supisteis	tuvisteis	vinisteis
pusieron	quisieron	supieron	tuvieron	vinieron

> Fíjate:
> En este grupo de verbos también cambia el acento habitual del pretérito indefinido:
> ~~quisé~~ › quise
> ~~tuvó~~ › tuvo

Los verbos que tienen *j* en la raíz verbal pierden la *i* en la tercera persona del plural:

Conducir	Decir	Traducir	Traer
conduje	**dije**	**traduje**	**traje**
condujiste	**dijiste**	**tradujiste**	**trajiste**
condujo	**dijo**	**tradujo**	**trajo**
condujimos	**dijimos**	**tradujimos**	**trajimos**
condujisteis	**dijisteis**	**tradujisteis**	**trajisteis**
condujeron	dijeron	tradujeron	trajeron

Verbos irregulares en la tercera persona

• E > I

Divertirse	Elegir	Impedir	Medir	Mentir	Pedir
me divertí	elegí	impedí	medí	mentí	pedí
te divertiste	elegiste	impediste	mediste	mentiste	pediste
se divirtió	eligió	impidió	midió	mintió	pidió
nos divertimos	elegimos	impedimos	medimos	mentimos	pedimos
os divertisteis	elegisteis	impedisteis	medisteis	mentisteis	pedisteis
se divirtieron	eligieron	impidieron	midieron	mintieron	pidieron

Reír	Repetir	Seguir	Sentir	Servir	Sonreír
reí	repetí	seguí	sentí	serví	sonreí
reíste	repetiste	seguiste	sentiste	serviste	sonreíste
rio	repitió	siguió	sintió	sirvió	sonrió
reímos	repetimos	seguimos	sentimos	servimos	sonreímos
reísteis	repetisteis	seguisteis	sentisteis	servisteis	sonreísteis
rieron	repitieron	siguieron	sintieron	sirvieron	sonrieron

Fíjate:
Todos los verbos de este grupo son de la tercera conjugación *(-ir)*.

• O > U

Dormir	Morir
dormí	morí
dormiste	moriste
durmió	murió
dormimos	morimos
dormisteis	moristeis
durmieron	murieron

Fíjate:
Esta irregularidad solo la tienen los verbos *dormir* y *morir*.

• I > Y

Caer	Concluir	Construir	Contribuir	Creer
caí	concluí	construí	contribuí	creí
caíste	concluiste	construiste	contribuiste	creíste
cayó	concluyó	construyó	contribuyó	creyó
caímos	concluimos	construimos	contribuimos	creímos
caísteis	concluisteis	construisteis	contribuisteis	creísteis
cayeron	concluyeron	construyeron	contribuyeron	creyeron

Destruir	Huir	Leer	Oír	Sustituir
destruí	hui	leí	oí	sustituí
destruiste	huiste	leíste	oíste	sustituiste
destruyó	huyó	leyó	oyó	sustituyó
destruimos	huimos	leímos	oímos	sustituimos
destruisteis	huisteis	leísteis	oísteis	sustituisteis
destruyeron	huyeron	leyeron	oyeron	sustituyeron

Verbos con irregularidades propias

Dar	Ir/Ser
di	**fui**
diste	**fuiste**
dio	**fue**
dimos	**fuimos**
disteis	**fuisteis**
dieron	**fueron**

Recuerda:
Las formas de los verbos *ir* y *ser* coinciden en pretérito indefinido. Solo se distinguen por el contexto en que aparecen.

Pretérito imperfecto de indicativo

Verbos regulares

1.ª conjugación -AR CANTAR	2.ª conjugación -ER COMER	3.ª conjugación -IR VIVIR
cantaba	comía	vivía
cantabas	comías	vivías
cantaba	comía	vivía
cantábamos	comíamos	vivíamos
cantabais	comíais	vivíais
cantaban	comían	vivían

Verbos irregulares

Ser	Ir	Ver
era	iba	veía
eras	ibas	veías
era	iba	veía
éramos	íbamos	veíamos
erais	ibais	veíais
eran	iban	veían

Futuro simple de indicativo

Verbos regulares

1.ª conjugación -AR CANTAR	2.ª conjugación -ER COMER	3.ª conjugación -IR VIVIR
cantaré	comeré	viviré
cantarás	comerás	vivirás
cantará	comerá	vivirá
cantaremos	comeremos	viviremos
cantaréis	comeréis	viviréis
cantarán	comerán	vivirán

Verbos irregulares

Caber	Decir	Haber	Hacer	Poder	Poner
cabré	diré	habré	haré	podré	pondré
cabrás	dirás	habrás	harás	podrás	pondrás
cabrá	dirá	habrá	hará	podrá	pondrá
cabremos	diremos	habremos	haremos	podremos	pondremos
cabréis	diréis	habréis	haréis	podréis	pondréis
cabrán	dirán	habrán	harán	podrán	pondrán

Querer	Saber	Salir	Tener	Valer	Venir
querré	sabré	saldré	tendré	valdré	vendré
querrás	sabrás	saldrás	tendrás	valdrás	vendrás
querrá	sabrá	saldrá	tendrá	valdrá	vendrá
querremos	sabremos	saldremos	tendremos	valdremos	vendremos
querréis	sabréis	saldréis	tendréis	valdréis	vendréis
querrán	sabrán	saldrán	tendrán	valdrán	vendrán

Verbos regulares

1.ª conjugación -AR CANTAR	2.ª conjugación -ER COMER	3.ª conjugación -IR VIVIR
cante	coma	viva
cantes	comas	vivas
cante	coma	viva
cantemos	comamos	vivamos
cantéis	comáis	viváis
canten	coman	vivan

Verbos irregulares

Irregularidades vocálicas

- **E › IE (verbos en -AR y -ER)**

Comenzar	Otros verbos		Entender	Otros verbos
comience	calentar, cerrar,		entienda	encender,
comiences	despertarse,		entiendas	perder, querer,
comience	negar, pensar...		entienda	tender...
comencemos			entendamos	
comencéis			entendáis	
comiencen			entiendan	

- **E › IE + E › I (verbos en -IR)**   • **O › UE (verbos en -AR y -ER)**

Mentir	Otros verbos		Soñar	Poder	Otros verbos
mienta	convertir,		sueñe	pueda	acordarse,
mientas	divertirse, herir,		sueñes	puedas	acostarse,
mienta	invertir, sentir,		sueñe	pueda	contar, soler,
mintamos	sugerir...		soñemos	podamos	volver...
mintáis			soñéis	podáis	
mientan			sueñen	puedan	

- **O › UE + O › U**   • **U › UE**   • **E › I**   • **I › Y**

Dormir	Otros verbos	Jugar	Pedir	Otros verbos	Construir	Otros verbos
duerma	morir	juegue	pida	elegir, reírse,	construya	concluir,
duermas		juegues	pidas	repetir, servir,	construyas	contribuir,
duerma		juegue	pida	vestirse...	construya	destruir,
durmamos		juguemos	pidamos		construyamos	huir...
durmáis		juguéis	pidáis		construyáis	
duerman		jueguen	pidan		construyan	

Verbos con la primera persona irregular en presente de indicativo

• **Verbos en -ZC-** *(conduzco, conozco, obedezco, produzco, traduzco)*

Conducir	Conocer	Obedecer	Producir	Traducir
condu**zc**a	cono**zc**a	obede**zc**a	produ**zc**a	tradu**zc**a
condu**zc**as	cono**zc**as	obede**zc**as	produ**zc**as	tradu**zc**as
condu**zc**a	cono**zc**a	obede**zc**a	produ**zc**a	tradu**zc**a
condu**zc**amos	cono**zc**amos	obede**zc**amos	produ**zc**amos	tradu**zc**amos
condu**zc**áis	cono**zc**áis	obede**zc**áis	produ**zc**áis	tradu**zc**áis
condu**zc**an	cono**zc**an	obede**zc**an	produ**zc**an	tradu**zc**an

Otros verbos

agradecer, crecer, desaparecer, nacer, ofrecer, parecer, reducir...

• **Otros verbos irregulares en la primera persona** *(caigo, digo, hago, oigo, pongo, salgo, tengo, traigo, valgo, vengo)*

Caer	Decir	Hacer	Oír	Poner
caiga	**diga**	**haga**	**oiga**	**ponga**
caigas	**digas**	**hagas**	**oigas**	**pongas**
caiga	**diga**	**haga**	**oiga**	**ponga**
caigamos	**digamos**	**hagamos**	**oigamos**	**pongamos**
caigáis	**digáis**	**hagáis**	**oigáis**	**pongáis**
caigan	**digan**	**hagan**	**oigan**	**pongan**

Salir	Tener	Traer	Valer	Venir
salga	**tenga**	**traiga**	**valga**	**venga**
salgas	**tengas**	**traigas**	**valgas**	**vengas**
salga	**tenga**	**traiga**	**valga**	**venga**
salgamos	**tengamos**	**traigamos**	**valgamos**	**vengamos**
salgáis	**tengáis**	**traigáis**	**valgáis**	**vengáis**
salgan	**tengan**	**traigan**	**valgan**	**vengan**

Verbos con irregularidades propias

Haber	Ir	Saber	Ser	Ver
haya	**vaya**	**sepa**	**sea**	**vea**
hayas	**vayas**	**sepas**	**seas**	**veas**
haya	**vaya**	**sepa**	**sea**	**vea**
hayamos	**vayamos**	**sepamos**	**seamos**	**veamos**
hayáis	**vayáis**	**sepáis**	**seáis**	**veáis**
hayan	**vayan**	**sepan**	**sean**	**vean**

Verbos con cambios gráficos

• G › J	• C › Z	• Z › C	• GU › G	• G › GU	• C › QU
Coger	**Convencer**	**Cazar**	**Distinguir**	**Investigar**	**Tocar**
coja	convenza	cace	distinga	investigue	toque
cojas	convenzas	caces	distingas	investigues	toques
coja	convenza	cace	distinga	investigue	toque
cojamos	convenzamos	cacemos	distingamos	investiguemos	toquemos
cojáis	convenzáis	cacéis	distingáis	investiguéis	toquéis
cojan	convenzan	cacen	distingan	investiguen	toquen

Dar

dé
des
dé
demos
deis
den

Fíjate:
El verbo *dar* lleva una tilde diacrítica en la primera y tercera personas del singular para que no se confunda con la preposición *de*.

Estar

esté
estés
esté
estemos
estéis
estén

Fíjate:
El verbo *estar* cambia la sílaba tónica habitual del presente de subjuntivo en todas las personas del singular y en la tercera del plural.

Unidad 6: ¿Cómo era antes?

1. **1.** f; **2.** e; **3.** c; **4.** h; **5.** a; **6.** i; **7.** g; **8.** d; **9.** b.

1a. **1.** b; **2.** g; **3.** f; **4.** e.

2. Respuesta abierta.

3. **1.** Hace; **2.** Está; **3.** Hay; **4.** es; **5.** Hace; **6.** es; **7.** Hay; **8.** Hace; **9.** Hace; **10.** Está.

4. **1.** d; **2.** c; **3.** a; **4.** b; **5.** d.

5. **Primavera:** 3, 10, 12; **Verano:** 2, 4, 6; **Otoño:** 1, 5, 9; **Invierno:** 7, 8, 11.

6. **1.** sol/buen tiempo, Artigas y Rivera; **2.** nublado, Melo; **3.** muy nublado, Rocha, Montevideo, Mercedes y Paysandú; **4.** lluvia, Florida y Durazno; **5.** tormenta, Mercedes y Paysandú; **6.** nieve; **7.** frío, Rocha; **8.** calor, Artigas y Rivera.

7. Respuesta abierta.

8. **1.** salíamos; **2.** solía; **3.** era, tenía, se veía; **4.** había; **5.** éramos, venía; **6.** hacía; **7.** era, tenía; **8.** cenabas; **9.** estaba; **10.** hacía, cogíamos, íbamos.

8a. **Describir en pasado:** 3, 5, 7; **Hablar de acciones habituales en el pasado:** 1, 2, 6, 10; **Acción durativa en relación con otra terminada:** 4, 8, 9.

9. **1.** PS, Era tímida; **2.** PR, Sale con amigos; **3.** PS, Hablaba con poca gente; **4.** PR, Es sociable; **5.** PS, No tenía muchos amigos; **6.** PS, Iba a la guardería; **7.** PR, Estudia Periodismo; **8.** PS, Quería ser veterinaria; **9.** PR, Quiere ser presentadora; **10.** PS, Le gustaba coger insectos; **11.** PR, Tiene novio; **12.** PS, Jugaba sola.

10. Respuesta abierta.

11. **1.** Trabajaba; **2.** hacíamos; **3.** tomábamos; **4.** salía; **5.** iba; **6.** gustaba; **7.** comía; **8.** veía; **9.** Salía; **10.** dirigíamos; **11.** Hacíamos; **12.** íbamos; **13.** veíamos; **14.** volvía; **15.** preparaba; **16.** cenaba; **17.** veía; **18.** leía; **19.** solía; **20.** estaba.

12. **1.** Esta semana; **2.** Mientras; **3.** Antes; **4.** Hace un año; **5.** Cuando; **6.** Siempre.

13. **Narración/Hechos: 1.** gastó, aprovechó, reservó, pagó; **2.** engañó, ayudó, vio, decidió, pidió; **3.** regaló, cogió, repartió, se han puesto, han pedido. **Descripción/Circunstancias: 1.** dormía, incluía; **2.** iba, vivía, tenía, estaba; **3.** eran, necesitaba.

14. **1.** participaron; **2.** celebró; **3.** consistía; **4.** ha sido; **5.** han participado; **6.** ganó; **7.** estuvo; **8.** fueron; **9.** quedó; **10.** Pensaba; **11.** era; **12.** tenían; **13.** podían; **14.** quería.

14a. **1.** F; **2.** V; **3.** F; **4.** F; **5.** V; **6.** V.

15. **1.** estudiaba; **2.** tenía; **3.** era; **4.** encantaba, empecé; **5.** hacía; **6.** iba.

16. **1.** he visitado; **2.** fue; **3.** Era; **4.** compré; **5.** he leído; **6.** llegué; **7.** fue; **8.** he visto; **9.** tenía; **10.** era.

17. **1.** Es la nuestra; **2.** Son las vuestras; **3.** ¿Tienes las mías?; **4.** Coge el suyo; **5.** Rompió la tuya; **6.** Es la suya; **7.** Son los nuestros; **8.** No es el mío; **9.** Vienen los suyos; **10.** ¿Son los tuyos?

18.

18a. **1.** V; **2.** F; **3.** V; **4.** F; **5.** F.

18b. **1.** c; **2.** a; **3.** d; **4.** b; **5.** e.

Unidad 7: Dentro de 50 años

1. **1.** Disminuye; **2.** Limpia, evitar; **3.** Instala, usar; **4.** Crea; **5.** Clasifica, reciclar.

2. **1.** latas; **2.** periódicos; **3.** jeringuilla usada; **4.** botellas; **5.** pañales; **6.** restos orgánicos; **7.** bolsas; **8.** pilas.

2a. **1.** Envases: latas, bolsas; **2.** Papel: periódicos; **3.** Vidrio: botellas; **4.** Material peligroso: jeringuilla usada, pilas; **5.** Restos orgánicos: manzanas; **6.** Material no biodegradable: pañales.

3. **1.** c; **2.** e; **3.** a; **4.** f; **5.** b; **6.** g; **7.** h; **8.** d.

3a. **1.** punto limpio; **2.** papel, azul; **3.** papel, azul; **4.** envases, amarillo; **5.** envases, amarillo; **6.** papel, azul; **7.** vidrio, verde; **8.** restos orgánicos, marrón.

4 y 4a. 1. revistas; **2.** cartón; **3.** envases; **4.** pilas; **5.** corcho; **6.** orgánicos.

5. Respuesta abierta.

6. **1.** c; **2.** e; **3.** a; **4.** b; **5.** d; **6.** h; **7.** f; **8.** g.

7. **1.** avanzará; **2.** vivirán; **3.** cuidarán; **4.** seréis; **5.** tendré; **6.** podrán.

8. Valer, tener, hacer, poner, saber, querer, salir, poder, decir, venir.

8a. Respuesta abierta.

9. Respuesta abierta.

10. **1.** b; **2.** c; **3.** a; **4.** c.

11. **Posible respuesta:**

1. Os prometo que no volveré a llegar tarde; **2.** Supongo que estará en el coche; **3.** Te prometo que lo limpiaré el sábado; **4.** Te prometo que te ayudaré a hacer el trabajo; **5.** Estudiaré y practicaré más para mejorar; **6.** En verano iré a la playa con mis padres.

12. **1.** f; **2.** g; **3.** e; **4.** b; **5.** c; **6.** d; **7.** a.

13. Respuesta abierta.

14. Respuesta abierta.

15. **1.** Serán las diez y media; **2.** Juan estará enfermo; **3.** María

tendrá quince años; **4.** Será la una y cuarto; **5.** Costará treinta euros; **6.** Medirá casi dos metros; **7.** Estaremos a 0 ºC; **8.** Pesará diez kilos.

16. **1.** serán; **2.** habrá; **3.** desaparecerán; **4.** existirán; **5.** continuarán; **6.** harán; **7.** tendrá; **8.** será; **9.** podrán.

16a. **1.** F; **2.** V; **3.** F; **4.** V; **5.** F; **6.** F; **7.** V.

17. Respuesta abierta.

18. **1.** F; **2.** F; **3.** F; **4.** V; **5.** V; **6.** V; **7.** F.

19. **1.** c; **2.** b; **3.** a.

20. **1.** figuras; **2.** carrera; **3.** actores; **4.** actrices; **5.** premiados; **6.** españoles; **7.** directores; **8.** prestigio.

Unidad 8: En línea

1. **1.** sitio web; **2.** tuit; **3.** boletín; **4.** usuario; **5.** buscador; **6.** banderola.

1a. **1.** tuit, usuario; **2.** sitio web, banderolas, buscador, boletín.

2. **1.** b; **2.** a; **3.** c; **4.** e; **5.** d.

3. 3, 5.

3a. **1.** En un correo electrónico; **2.** En un chat o red social; **4.** En un foro.

4. **1.** tarjeta; **2.** los gastos; **3.** reputación; **4.** garantía; **5.** política.

5. **1.** B; **2.** F; **3.** D; **4.** A; **5.** E; **6.** C.

5a. **1.** #Reembolso; **2.** #GarantíaPorDefecto; **3.** #GastosDeEnvío; **4.** #FormaDePago; **5.** #TarjetaDeCrédito; **6.** #Reputación.

5b. **a.** 3; **b.** 1; **c.** 2; **d.** 4; **e.** 1; **f.** 3; **g.** 6; **h.** 5.

6. **1.** hable; **2.** hablen; **3.** lee; **4.** leed; **5.** escribe; **6.** escriba; **7.** escriban.

7. **1.** b, f, g; **2.** a, c, i; **3.** d, h; **4.** e, j.

8. **1.** piensa; **2.** apaguen; **3.** devuelva; **4.** leed; **5.** habla; **6.** Duérmete; **7.** Callaos.

9. **1.** Enciende; **2.** Haz; **3.** cuelga; **4.** sigue; **5.** Sustituye; **6.** ten; **7.** vuelve; **8.** Pon; **9.** Cuéntame; **10.** ve; **11.** Empieza; **12.** Vístete.

9a. **e > ie:** enciende, empieza; **o > ue:** cuelga, vuelve,

cuéntame; **e > i:** sigue, vístete; **i > y:** sustituye; **Irregularidad especial:** haz, ten, pon, ve.

10. **1.** No vengas; **2.** No bajes; **3.** No digas; **4.** No sigas; **5.** No introduzca; **6.** No vayáis; **7.** No salgan; **8.** No habléis; **9.** No marquéis; **10.** No cojáis; **11.** No juguéis; **12.** No duermas.

11. **1.** N; **2.** A; **3.** A; **4.** N; **5.** A; **6.** A.

12. **1.** ábrela/ábrala; **2.** no los compres; **3.** cuéntasela/cuéntesela; **4.** vaya; **5.** cógelo/cójalo; **6.** no te lo lleves/no se lo lleve; **7.** llámame; **8.** no abras/no abra; **9.** idos/váyanse; **10.** cerradla/ciérrenla; **11.** no se la des/no se la dé; **12.** no nos la mandes; **13.** regálaselo; **14.** dínoslo.

13. **1.** debo/puedo; **2.** puede; **3.** debe; **4.** tengo que; **5.** he podido; **6.** tuvimos que.

14 y 14a. **a.** Introduzca, 2; **b.** dejen, 5; **c.** Abróchense, 3; **d.** olvide, 6; **e.** Apaguen, 4; **f.** Respete, 1.

14b. **Situación 1:** respete, no supere, mantenga; **Situación 2:** Introduzca, marque, elija, no olvide; **Situación 3:** permanezcan, abróchense; **Situación 4:** apaguen, pónganlos, no hagan; **Situación 5:** dejen, no se sitúen; **Situación 6:** No olvide, pase.

15. **1.** duda; **2.** Revisa; **3.** hagas; **4.** Busca; **5.** uses; **6.** Ten; **7.** piensa; **8.** compres.

16. **1.** f; **2.** c; **3.** a; **4.** d; **5.** b; **6.** e.

17. **1.** b; **2.** a; **3.** c; **4.** a.

1. 1. terraza; **2.** estantería; **3.** ventana; **4.** sillón; **5.** dormitorio; **6.** planta; **7.** lavadora; **8.** cocina; **9.** ducha.

2. 1. techo; **2.** suelo; **3.** edificio; **4.** bañera; **5.** pared; **6.** estantería.

3.

4. Respuesta abierta.

5. 1. f, E; **2.** a, C; **3.** e, B; **4.** b, D; **5.** c, A; **6.** d, F.

6. 1. F; **2.** F; **3.** V; **4.** V; **5.** F; **6.** V; **7.** V; **8.** V; **9.** F.

7. 1. Presente de subjuntivo; **2.** cantes; **3.** cante; **4.** cantéis; **5.** aprenda; **6.** aprendamos; **7.** aprendan; **8.** abras; **9.** abra; **10.** abráis.

7a. **Ser:** sea, seas, sea, seamos, seáis, sean; **Haber:** haya, hayas, haya, hayamos, hayáis, hayan; **Saber:** sepa, sepas, sepa, sepamos, sepáis, sepan; **Ir:** vaya, vayas, vaya, vayamos, vayáis, vayan; **Querer:** quiera, quieras, quiera, queramos, queráis, quieran; **Pedir:** pida, pidas, pida, pidamos, pidáis, pidan; **Hacer:** haga, hagas, haga, hagamos, hagáis, hagan; **Contar:** cuente, cuentes, cuente, contemos, contéis, cuenten; **Tener:** tenga, tengas, tenga, tengamos, tengáis, tengan; **Dormir:** duerma, duermas, duerma, durmamos, durmáis, duerman; **Conocer:** conozca, conozcas, conozca, conozcamos, conozcáis, conozcan; **Huir:** huya, huyas, huya, huyamos, huyáis, huyan.

8. 1. usemos; **2.** visitéis; **3.** hagas, ayudes; **4.** vuelva; **5.** se conozcan, vengan; **6.** vayas; **7.** traduzca; **8.** duermas; **9.** haga, puedan; **10.** jueguen; **11.** limpie; **12.** hable.

8a. **Regulares:** usemos, visitéis, ayudes, limpie, hable; **Con irregularidades propias del presente de subjuntivo:** vayas; **Con la misma irregularidad que en presente de indicativo:** hagas, vuelva, se conozcan, vengan, traduzca, duermas, haga, puedan, jueguen.

9. 1. ruego; **2.** permite; **3.** Espero; **4.** suplica; **5.** aconsejan; **6.** prohíben.

10. 1. ocurra, solucione; **2.** comamos; **3.** asista; **4.** terminéis; **5.** pasear; **6.** hable, cuente; **7.** salir; **8.** ir.

11. 1. caigas; **2.** venga; **3.** duerma; **4.** sepas; **5.** conduzcáis; **6.** apagues; **7.** vayáis; **8.** pidas; **9.** recojas; **10.** repitas; **11.** practiquéis.

12. **Dar consejos y hacer recomendaciones:** 5, 9; **Expresar deseos:** 1, 2, 4, 8, 13; **Hacer peticiones:** 3, 6, 12; **Expresar permiso o prohibición:** 7, 10, 11.

13. **Posible respuesta:**
1. Deseo que tengas un buen viaje; **2.** Espero que te guste; **3.** Deseo que seáis felices; **4.** Espero que apruebes/aprobéis; **5.** Deseo que te mejores; **6.** Espero que duermas bien; **7.** Quiero que gane vuestro equipo; **8.** Espero que tus padres lleguen pronto.

14. a. 2; **b.** 5; **c.** 1; **d.** 3; **e.** 4.

14a. 1. en primer lugar (para empezar, primero...); **2.** por otro lado (también, además...); **3.** para terminar (por último, para acabar...).

15. 1. maracas; **2.** claves; **3.** bongos; **4.** rondador; **5.** castañuelas; **6.** acordeón.

16. 1. género; **2.** ritmos; **3.** conciertos; **4.** estilos; **5.** son; **6.** merengue.

17. 1. e; **2.** c; **3.** d; **4.** a; **5.** b.

18. Tango, ranchera, milonga.

19. Calle 13, Juanes, Luis Fonsi.

1. 1. a; **2.** a; **3.** c; **4.** b; **5.** b; **6.** c.

2. 1. d; **2.** a; **3.** f; **4.** j; **5.** c; **6.** i; **7.** e; **8.** g; **9.** b; **10.** h.

3. 1, 4, 5, 7, 8, 9.

4. 1. mesa/mesita; **2.** techo; **3.** mueble; **4.** estanterías; **5.** silla; **6.** paredes; **7.** planta; **8.** calefacción; **9.** alfombra; **10.** suelo.

5. 1. f; **2.** c; **3.** a; **4.** e; **5.** b; **6.** d.

6. 1. a; **2.** f; **3.** e; **4.** c; **5.** b; **6.** d.

7. 1. c; **2.** i; **3.** g; **4.** a; **5.** f; **6.** e; **7.** j; **8.** h; **9.** b; **10.** d.

8. 1. Deportes; **2.** Economía; **3.** Cultura y espectáculos; **4.** Política; **5.** El tiempo; **6.** Sucesos; **7.** Sociedad.

9. 1. perfecto; **2.** presente; **3.** específico; **4.** indefinido; **5.** pasado; **6.** acontecimientos; **7.** imperfecto; **8.** habituales; **9.** durativa.

9a. 1. f; **2.** b; **3.** e; **4.** g; **5.** a; **6.** c; **7.** d; **8.** h.

10. 1. llovía; **2.** encantó; **3.** has hablado; **4.** has terminado;

5. salió, estaba; 6. estuve, vino; 7. he llegado, quedaba; 8. estaba, era.

11. **Pretérito perfecto:** nunca, ya, este mes, hasta ahora, todavía no, hoy, alguna vez, muchas veces; **Pretérito indefinido:** el otro día, en 1997, el martes pasado, en abril, hace una semana, anteayer, el verano pasado.

12. 1. F; 2. V; 3. F; 4. V; 5. V; 6. F; 7. F; 8. V.

12a. 1. no viniste a la facultad; 2. porque tenía un poco de fiebre; 3. no podían faltar; 4. te perdiste; 5. nos habló de una novela; 6. No la he leído; 7. llegó a Barcelona; 8. mientras lo buscaba; 9. Nos reímos mucho.

12b. Respuesta abierta.

13. 1. puntuales; 2. narración; 3. imperfecto; 4. descripción; 5. circunstancias.

14. 1. d; 2. c/f; 3. b; 4. a; 5. c/f; 6. e.

15. 1. abrió; 2. empezamos; 3. hicimos; 4. tenías; 5. puso; 6. vio; 7. estaba; 8. entró; 9. recibió; 10. duró; 11. comieron/comían; 12. empezó; 13. era; 14. encantó; 15. regalaron; 16. parecieron; 17. dio; 18. era; 19. regaló; 20. estuvo; 21. parecía.

16. Respuesta abierta.

17. Respuesta abierta.

18. 1. moái; 2. mariachi; 3. quinceañera; 4. Bilbao; 5. maracas; 6. La Habana.

19. 1. México; 2. Cuba; 3. Venezuela; 4. Colombia; 5. Perú; 6. Chile; 7. Argentina; 8. Uruguay.

20. Galicia, País Vasco, Andalucía, Extremadura.

20a. Galicia: gallego; País Vasco: vasco o euskera.

20b. Castellano y catalán.

Unidad 6

 [11]

Vamos a ver ahora la información del tiempo en nuestro país para el día de hoy. En el norte, en Artigas y Rivera, van a tener buen tiempo, cielo soleado y temperaturas que oscilan entre los dieciocho y los veinticinco grados. En el noroeste, en Melo, algunas nubes y temperaturas suaves. En el sureste, en Rocha, cielo muy nublado y temperaturas bajas, muy frías durante la noche. En la capital, Montevideo, cielo muy nublado. Posibilidad de lluvias en el interior, en Florida y Durazno. En Mercedes y Paysandú, cielos muy nublados y tormentas durante todo el día.

 [12]

Unos ochenta concursantes participaron en una competición anual que se celebró el pasado día 5 en Taiwán y que consistía en no hacer absolutamente nada, algo que, aunque parece sencillo, no lo ha sido en absoluto para las decenas de concursantes que han participado este año.

La edición celebrada el pasado sábado la ganó un joven de 24 años de Hong Kong que estuvo mirando al cielo durante noventa minutos. El calor, el sol y las moscas fueron lo más difícil para Chan Kai-Ho, el ganador, que quedó impresionado de su propio logro. "Pensaba que no era capaz de estar tanto tiempo sin hacer nada".

Bajo el lema "Relaja tu cerebro"', los competidores tenían que estar sentados y no podían hablar, dormir, comer ni usar ningún dispositivo electrónico.

El evento quería llamar la atención y hacer reflexionar sobre las muchas distracciones a las que las personas nos enfrentamos en nuestra vida cotidiana.

Unidad 7

 [13]

▶ Toma nota de las tareas que tienes que hacer. Primero, acércate al contenedor azul y dejas todas estas revistas. Ya no las voy a leer más.

▷ Si quieres, puedo bajar también las cajas de cartón que tengo en la habitación.

▶ Perfecto. En el cuarto de baño he dejado algunos envases vacíos que hay que llevar al contenedor amarillo. ¿Tienes algo más que podamos llevar?

▷ Sí, ahora que recuerdo, tengo unas pilas de mi reloj que puedo reciclar en el contenedor rojo. Están gastadas.

▶ Muy bien. Lleva eso y cuando vuelvas, te doy algo más.

▷ ¿Qué?

▶ He recogido varios tapones de corcho y quiero reciclarlos.

▷ ¿Y en qué contenedor tengo que dejarlos? ¿En el azul?

▶ No. En el contenedor marrón, el de los residuos orgánicos. Avísame cuando vuelvas.

▷ Vale. Pues cuando vuelva, me los das y los llevo.

 [14]

1.
Iván, soy Álvaro. Oye, que creo que me pasaré toda la semana en la biblioteca, tengo muchos exámenes juntos, creo que no podré ir a tu cumple… En otro momento me llamas y charlamos, un abrazo.

2.
No, hija, no llegaré el sábado llegaré el domingo para comer. Te prometo que en tu próximo cumpleaños no tendré ningún viaje de trabajo. Te quiero mucho.

3.
▶ Entonces, Laura, nos contarás al final de la entrevista si es cierto que estás viviendo con alguien y si os pensáis casar este verano.

▷ ¿Disculpa? Mira, creo que no he venido a este programa para hablar de mi vida privada; solo hablaré de mi último disco y del concierto del Día del Medioambiente, en el que participaré junto a otros artistas.

4.
▶ Veo muchos cambios en la empresa…

▷ ¿Cambiarán al director? ¿Me ascenderán? ¿Tendré mi propio despacho?

▶ ¿Habrá cambios en los horarios? ¿Tendré ayudante?

▶ ¡Sileeencio! Necesito concentración para ver los cambios… ¡Ajá! Veo los cambios: las paredes serán verdes; las mesas, blancas; las sillas…

▶ Las sillas serán de metal y piel… Yo también las vi ayer en el almacén y creo que tú también, Beatriz, ja, ja, ja…

Unidad 8

 [15]

Este, sin duda, es un buen móvil. Yo lo tengo y puedo recomendárselo. Tan solo le voy a hacer algunas recomendaciones que debe tener en cuenta. Antes de nada, al sacarlo de la caja, cárguelo; con dos horas será suficiente, tiene carga rápida. Ya no es como antes, los teléfonos más modernos no necesitan estar cargando muchas horas seguidas. Bloquéelo con la huella, es mucho más seguro y, además, muy cómodo. Póngale también una tarjeta de memoria externa para poder guardar más fotos. Y en cuanto a la fotografía, haga fotos de día, saldrán con mucha calidad, pero no haga muchas de noche o en interiores porque la calidad es menor. Y, por último, no lo moje, no tiene protección contra el agua. Espero que lo disfrute.

 [16]

Situación 1
En estos momentos varias carreteras tienen un nivel de tráfico elevado. Para mejorar la circulación, respete la distancia de seguridad, no supere el límite de velocidad y mantenga la calma.

Situación 2
Introduzca su tarjeta, marque su número secreto, elija la cantidad que desea y no olvide retirar el dinero y su tarjeta.

Situación 3
Estimados pasajeros, en breves instantes atravesaremos una zona de turbulencias. Por favor, permanezcan en sus asientos y abróchense los cinturones de seguridad.

Situación 4
Señoras y señores, bienvenidos al teatro del Príncipe. La obra va a comenzar. Por favor, apaguen sus teléfonos móviles o pónganlos en modo avión y no hagan fotos ni grabaciones durante la representación. Gracias.

Situación 5
Estimados viajeros, dejen salir antes de entrar y no se sitúen en la puerta si no van a bajar del tren.

Situación 6
Aquí tiene su vuelta. No olvide comprobar el cambio y pase una buena tarde. Muchas gracias por su compra.

Unidad 9

 [17]

▶ He alquilado un piso que está muy bien.

▷ ¿Sí? ¿Cómo es?

▶ Es un piso amueblado, con dos dormitorios, uno bastante grande y otro más pequeño. Entras y hay un pasillo largo. A la derecha del pasillo está la cocina y al fondo, el salón. Los dos dormitorios están a la izquierda del pasillo y, entre ellos, está el baño.

▷ Pero dime, ¿cómo son los muebles? ¿Qué hay en el piso?

▶ Pues mira… La cocina está completa y también hay una mesa para comer y cuatro sillas. La nevera es enorme y está nueva, la lavadora también está nueva.

▷ ¿Y el salón?

▶ El salón está muy bien, es muy luminoso, tiene una ventana enorme. Hay un sofá muy grande, un sillón, una mesita y también una estantería que llega hasta el techo. Hay otra estantería en el dormitorio pequeño. Me va muy bien porque ese lo quiero usar como estudio.

▷ ¿Hay algún armario en el piso?

▶ Sí, uno muy grande en el dormitorio principal. ¡Ah! Y tienes que ver el baño, supermoderno, con el lavabo de cristal y una bañera que parece del futuro.

▷ ¡Qué bien! Ya iré a verlo cuando te instales.

 [18]

Las cosas que están permitidas o prohibidas en diferentes lugares del mundo dependen de muchos factores culturales y sociales que, a veces, no son fáciles de comprender, pero que, en su contexto, suelen tener una explicación y una lógica.

Por poner algunos ejemplos, en Singapur no está permitido que la gente mastique chicle por la calle, en Bangladesh las leyes no dejan que se usen bolsas de plástico y en Canadá no se puede pagar solo con monedas si el precio supera los diez dólares.

En primer lugar, todas estas medidas tienen una razón que las explica. En Bangladesh, por seguir con el ejemplo, descubrieron que la mayoría de las inundaciones que sufrían eran debidas a la gran cantidad de bolsas de plástico que había en los desagües.

Por otro lado, están las religiones y los sistemas políticos, que, a menudo, condicionan las costumbres y prohíben a la gente que haga cosas que, en otros lugares del mundo, son absolutamente naturales.

Para terminar, siempre es recomendable, cuando viajas a otro país, observar cómo se comporta la gente y respetar sus normas, aunque puedan parecerte extrañas. Lo más inteligente es seguir ese proverbio que dice: "Donde vayas, haz lo que veas".

Unidad 10

 [19]

▶ Hola, Pedro. ¿Qué hiciste ayer? ¿Por qué no viniste a la facultad?

▷ Me tuve que quedar en casa con mi hermana pequeña.

▶ ¿Y eso?

▷ No pudo ir al colegio porque tenía un poco de fiebre y mis padres tenían los dos un día muy complicado en el trabajo y no podían faltar.

▶ ¿Y ya se ha puesto bien tu hermana?

▷ Sí, mi padre la ha dejado esta mañana en el colegio.

▶ Pues ayer te perdiste una clase muy divertida.

▷ ¿Cuál?

▶ La de Literatura. La profe nos habló de una novela que se titula *Sin noticas de Gurb*.

▷ No la he leído, pero sé que es de Eduardo Mendoza.

▶ Pues leímos un fragmento muy divertido. ¿Sabes de qué trata?

▷ No, ¿de qué?

▶ Es sobre un extraterrestre que llegó a Barcelona a principios de los noventa y perdió a su compañero en la ciudad. La novela es el diario que escribió mientras lo buscaba contando sus aventuras. Nos reímos mucho.

▷ ¿Tenemos que leerlo para la clase?

▶ Sí, y también escribir un pequeño comentario.

 [20]

▶ Fíjate en el mapa. México es el país donde se habla español que está más al norte; de hecho, es parte de Norteamérica.

▷ Chile es este, ¿verdad?

▶ Ese es Argentina. Chile está al lado, justo al oeste.

▷ ¡Qué forma tan rara tiene, qué largo es! El país más pequeño que hay al este de Argentina es Uruguay, ¿no?

▶ Así es. Y Colombia, ¿sabes cuál es?

▷ Creo que es el país que está más al norte de Sudamérica, el único que tiene frontera con Centroamérica; y el que está al lado de Colombia, al este, es Venezuela.

▶ Muy bien. Y Perú, ¿cuál es?

▷ Perú es el país que está entre Colombia y Chile.

▶ Ahora el último, Cuba.

▷ Sé que es una de estas islas del Caribe, pero no estoy seguro de cuál.

▶ Es la mayor, esta.